武汉大学中国发展战略与规划研究院主办

长江流域经济研究

第1辑

Economic Research on the
Yangtze River Basin

吴传清　主编

中国社会科学出版社

图书在版编目（CIP）数据

长江流域经济研究. 第 1 辑 / 吴传清主编. —北京：中国社会科学出版社，2021.12
ISBN 978-7-5203-9443-7

Ⅰ.①长⋯ Ⅱ.①吴⋯ Ⅲ.①长江流域—区域经济发展—研究 Ⅳ.①F127.5

中国版本图书馆 CIP 数据核字（2021）第 280405 号

出 版 人	赵剑英
责任编辑	刘晓红
责任校对	周晓东
责任印制	戴　宽
出　　版	中国社会科学出版社
社　　址	北京鼓楼西大街甲 158 号
邮　　编	100720
网　　址	http：//www.csspw.cn
发 行 部	010-84083685
门 市 部	010-84029450
经　　销	新华书店及其他书店
印刷装订	北京君升印刷有限公司
版　　次	2021 年 12 月第 1 版
印　　次	2021 年 12 月第 1 次印刷
开　　本	710×1000　1/16
印　　张	13.25
插　　页	2
字　　数	190 千字
定　　价	76.00 元

凡购买中国社会科学出版社图书，如有质量问题请与本社营销中心联系调换
电话：010-84083683
版权所有　侵权必究

《长江流域经济研究》学术顾问委员会

主　任：陆大道　王　浩

委　员（按姓氏拼音排序）：

陈　耀　成长春　成金华　丁任重
刘志彪　刘云中　刘世庆　秦尊文
孙久文　王　振　吴晓华　肖金成
杨继瑞　曾菊新　曾　刚

《长江流域经济研究》编委会

主　任：李建成

委　员（按姓氏拼音排序）：

白永亮　成德宁　邓宏兵　段进军
范　斐　方大春　龚勤林　何　莲
何　艳　何伟军　胡　艳　黄承锋
黄庆华　黄永明　雷国雄　李　浩
李　琳　李　强　李雪松　刘新智
刘耀彬　罗　静　彭智敏　沈正平
滕堂伟　王　磊　王礼刚　王　泉
王圣云　魏　伟　文传浩　吴传清
汪发元　杨凤华　杨仁发　杨文举
叶振宇　易　淼　张万顺　张学良

　　　　　张治栋　钟业喜　踪家峰
主　编：吴传清
副主编：文传浩　范　斐　杨仁发　滕堂伟
编　辑：万　庆　胡　晖　黄　磊　杜　宇
　　　　　陈秀红　王兴文
学术支持：
武汉大学区域经济研究中心
中国区域经济学会长江经济带专业委员会
长江技术经济学会流域经济专业委员会

目　录

专家笔谈

推动长江中游城市群协同发展
　　……………………李　琳　刘　钒　李　浩　何　艳　许水平（3）

长江流域创新经济研究

长江经济带协同创新效率的空间溢出效应研究
　　………………………………………………范　斐　刘蒲宇（33）

长江流域产业经济研究

长江经济带制造业集聚的创新效应研究
　　……………………………………………………………叶云岭（57）
长江沿江化工产业转型升级发展的"宜昌样本"研究
　　………………………………………………李姝凡　黄　成（80）

长江流域经济协同发展研究

长江经济带区域经济差异及其收敛性
………………………………………… 万 庆 陈皓劼（101）

长江流域绿色经济研究

流域生态系统服务价值评估研究
——以三峡库区为例
………………………………………………… 夏晶晶（127）

学术史谭

长江中游城市群研究的学术史述评（2010—2021年）
………………… 时培豪 赵 豪 张诗凝 邓和顺（157）
文传浩在长江上游流域经济与可持续发展领域的探索
………………… 谭君印 赵柄鉴 滕祥河（183）
《环境规制、产业集聚与长江经济带城市工业绿色发展
效率研究》评介
………………………………………………… 刘新智（198）

《长江流域经济研究》征稿启事 ……………（202）

专家笔谈

编者按：2021年3月11日第十三届全国人民代表大会第四次会议通过的《中华人民共和国国民经济和社会发展第十四个五年规划和二〇三五年远景目标纲要》有关"推动城市群一体化发展"的内容强调，"优化京津冀、长三角、珠三角、成渝、长江中游等城市群"；有关"开创中部地区崛起新局面"的内容进一步强调，"推动长江中游城市群协同发展，加快武汉、长株潭都市圈建设，打造全国重要增长极"。《中共中央国务院关于新时代推动中部地区高质量发展的意见》（2021年4月23日）要求，加强长江中游城市群内城市间合作；支持武汉、长株潭都市圈建设，培育发展南昌都市圈。本刊邀请长江中游地区高校学者就"推进长江中游城市群协同发展"问题发表观点，编成一组笔谈。

推动长江中游城市群协同发展

李琳　刘钒　李浩　何艳　许水平[*]

摘　要：推动长江中游城市群发展，对依托黄金水道推动长江经济带发展、加快中部地区全面崛起、探索新型城镇化道路、促进区域一体化发展具有重大战略意义。建立区域统一市场是实现资源的优化配置与整体效率提升的基石，是城市群协同发展的关键，通过统筹规划、打造"咸岳九""小三角"市场一体化先行示范区、构建多元主体共同参与协同发力的利益共享机制与动力机制、联动打造世界级优势产业集群等路径，促进区域统一市场建设。长江中

---

[*] 李琳，湖南大学经济与贸易学院教授、博士生导师，湖南大学民建经贸研究院院长，湖南省人民政府参事；刘钒，武汉大学马克思主义学院副教授，武汉大学发展研究院副院长；李浩，湖北经济学院长江经济带发展战略研究院教授；何艳，湖北工业大学经济与管理学院教授；许水平，南昌大学经济管理学院副教授。

游城市群携手打造创新共同体，既是深入实施创新驱动发展的战略需要，又是加速形成高质量发展新动能的现实需要，需要围绕产业功能互补、设施平台互联、人才技术互通、政策制度互惠，健全区域科技创新有效分工协同的制度体系，务实推进实质性科技创新合作，共同打造具有全国影响力的科技创新策源地。实现长江中游城市群生态环境共建联治，需要统筹考虑都市圈生态环境有机联系，加强跨区域联合，大力发展绿色产业，以长江干流为天然纽带建设绿色生态廊道，共建长江中游碳中和示范区。从政策、平台、市场三维度推动长江中游城市群协同开放发展，重点完善发展战略、营商环境、基础设施等。做大做强武汉、长株潭、南昌三大都市圈，对打造引领长江中游城市群发展的核心动力源、优化长江中游地区高质量发展空间动力系统具有重要意义。

关键词： 长江中游城市群　市场一体化　协同创新　生态环境共建联治　协同开放　都市圈

一　推动长江中游城市群市场一体化建设

推动长江中游城市群协同发展是新时代中央赋予长江中游地区的重大历史使命，给予的重大历史机遇。城市群协同发展之关键，在于通过要素在城际间、城市群间的低成本快速流动，实现资源的优化配置与整体效率的提升，最终实现"1+1+1＞3"的整体效能。这一目标的实现，以区域统一市场的建立为基石。

但实地调研发现，近些年来长江中游城市群市场一体化水平虽稳步提升，一体化市场体系建设取得初步成效，但整体尚处于"碎片化"市场阶段，产品和要素跨域流动"堵点"较明显，产业同构"难点"问题较突出，市场一体化机制体系缺失。"碎片化"市场已成为阻碍长江中游城市群协同发展的主要"瓶颈"，直接制约长江中游地区在全国"双循环"新格局中的重要枢纽功能和战略支点作用的发挥。聚焦"堵点""难点""痛点",精准发力,以推动市场一体化为抓手,加快建立区域统一市场,力助长江中游城市群协同发展,尤显紧迫与重要。

(一)长江中游城市群市场一体化推进中面临的主要障碍

1. 区域市场尚处于"碎片化"阶段

根据对长江中游城市群两两城市间八大类消费品相对价格指数方差测度的市场一体化水平显示,自"十一五"时期以来长江中游城市群市场一体化快速推进,15年间市场一体化水平提升了18个百分点;但是一体化推进不均衡不充分的矛盾凸显,一体化推进引领型城市(28个样本城市中一体化得分前5名)提升了20个百分点,而一体化推进滞后型城市(28个样本城市中一体化得分后5名)仅提高2.5个百分点。这表明长江中游城市群无论是市场一体化推进速度还是市场一体化水平,均呈现明显的"两极"分化现象,"碎片化"市场特征显著。

2. 要素跨界流动"堵点"较明显

近些年,长江中游城市群随着三省省会城市间协调机制的逐步建立,在消除地方行政壁垒方面采取了一些举措,也取得了一些成效。但由于行政区经济体制和"分灶吃饭"财税体制,地方保护主义导致的行政分割,阻碍了要素跨界自由流动。集中表现为因不同城市人才政策的评价机制、保障机制的差异以及受制于学历、户籍、身份、人事关系的牵绊,导致人才流动的受阻和人才共享机制的缺失;长江中游城市群因资本市场发育不足与彼此割裂双重矛盾并存,导致企业异地收购兼并市场行为往往受制于地方保护的限制,企业资产重组与所有权转让在现实中并不顺畅。

3. 产业同构"难点"问题突出

由于长江中游城市群三省属于同质区域,缺乏产业发展与空间布局的统筹规划,三省同处基于传统资源禀赋的传统重化工产业结构转型阶段,由于整体自主创新能力不足,战略性新兴产业的培育缺乏前瞻性与现有产业融合,盲目热衷于对价高利大产业的追逐,利用各种优惠政策竞相竞争，引致明显的产业同构现象。据相关研究表明，长江中游城市群三大子城市群（武汉城市圈、环长株潭城市群、环鄱阳湖城市群）间的三次产业结构相似系数高达90%以上，且近15年来并没有明显改善，产业同构呈现"固化"趋势。制造业内部结构趋同现象也表现明显，以差异化主导产业为牵引、跨域合作相互配套的优势产业集群发展受到制约。

4. 市场一体化机制体系尚未建立

发达国家跨区域统一市场建设经验表明，市场一体化机制体系构建是推进统一大市场建立的重要保障。但目前，长江中游城市群市场一体化机制体系尚为缺乏，突出表现为相关利益主体参与程度与参与方式不成熟，以三省省会城市市际政府间合作以及省际部门或市际部门间合作为主，而社会中介组织参与程度较低，仅以商会、学术团体间较低层次交流合作为主要形式，非政府组织在加强行业自律、协调利益关系、维护竞争秩序、促进信息共享、开展专业培训、提供咨询服务等多维度的协调纽带作用尚未充分发挥；同时，市场主体企业参与动力不足，利益共享机制尚不完善，区域利益共同体的形成尚存在多重障碍。

（二）推动长江中游城市群市场一体化建设的对策建议

1. 统筹规划，协同推进

一是在国家层面设立长江中游城市群一体化发展专门机构。明确将"推进长江中游城市群一体化发展"纳入国家发改委"促进中部地区崛起办公室"职责，设立专门处室，负责统筹拟定长江中游城市群一体化发展规划和重大政策出台及重大体制机制创新。

二是在国家发改委指导下尽快出台《长江中游城市群市场体系一体化建设三年行动计划》。借鉴长三角市场一体化推进经验，在现有中三角省会城市联席会议制度的基础上，成立中三角省域联席会议制度，在国家发改委指导下协同出台《长江中游城市群市场体系一体化建设三年行动计划》，明确市场一体化建设的重点领域、分阶段目标和具体建设方案。

三是推出市场一体化合作事项年度清单。在《三年行动计划》框架下，遵循"先易后难""务实推进"原则，推出市场一体化合作事项年度清单；在清单项目选择上，突出中三角特色与轻重缓急时序，着重在食品安全监管协作、市场准入一体化、消费投诉云平台合作、网络监管多维共治、绿色产品认证合作、检测检验机构能力认证等方面先行推进，使长江中游城市群市场一体化推进既有顶层设计，又有载体和项目可落地。

2. 以"点"带"面"，打造市场一体化先行示范区

一是选择"咸岳九""小三角"作为市场一体化先行试点区。在市场一体化的空间推进上应突出重点，由"点"及"面"。建议以中三角中的"小三角"即咸（宁）岳（阳）九（江）地区作为试点，充分利用"小三角"三市同处长江沿线、均为门户城市、三水相连、人文相近、亲缘相连的独特优势，以及合作起步早，近些年三市在旅游、交通、商务、医疗、市场等方面的交流合作取得了一系列成果，市场一体化已显成效的现实基础，在三市已签署《"咸岳九"关于共同促进区域间商务事业发展，加快"小三角"城市区域市场一体化进程战略合作协议书》的基础上，逐步推进市场一体化的深入合作。

二是打造"小三角"市场一体化先行示范区。在体制机制创新、跨域基础设施和公共服务平台共建共享、人才流动与多形式共享、飞地合作模式创新与利益共享机制构建、港口码头的委托管理等领域先行先试。"咸岳九"地区是国家重要生态功能区，是长江流域重要的湿地保护区，率先在边界地区、上下游地区开展生态共治、生态文明共建等试点，在跨界流域地区与生态连片地区开展生态补偿机制创新，构建上中下游生态环境治理联动机制；建立重大生态环境问题合作治理机制，加强环保项目和环保科技的协作，形成可复制可推广的经验与机制体系，协同打造中三角生态绿色一体化发展示范区。

3. 以多元主体协同发力为手段，完善市场一体化机制

构建多元主体共同参与协同发力的利益共享机制与动力机制，

是推动市场一体化进程的重要保障。

一是更加重视社会组织在市场一体化推进中的协同作用。充分发挥商会、贸促会、产业联盟等中介组织在促进政企沟通、规范市场行为、服务产业对接、引导有序发展等方面的协调纽带作用；鼓励中介组织积极协调长江中游城市群区域企业抱团融入长江经济带、"一带一路"倡议，链式"出海"，合力拓展国际市场。

二是构建长江中游城市群商会组织联席会议机制。借鉴长三角经验，建立"长江中游城市群商会组织联席会议机制"，引导各类商会组织形成合力，协同推动长江中游城市群产品、要素、产业和市场融合。

三是建立长江中游城市群行业联盟。联合中三角三省工商联，引导行业协会自主成立联盟，充分发挥行业联盟在制定与协调城市群行业发展规划和行业标准，推进城市群市场一体化进程中的积极作用。

4. 以联动打造世界级优势产业集群为主路径，培育市场一体化主体

企业是市场一体化的核心主体，以行业龙头企业为牵引、众多中小配套企业形成的跨城际跨省际的规模巨大的优势产业集群是推动分割的行政区市场转变为融合的一体化市场的有效路径，这是由产业集群演进具有跨越行政区边界扩张的内生性一体化效应规律所决定。

一是鼓励中三角区域内龙头企业通过兼并收购活动培育市场一体化主体。微观层面的企业城际间省际间资产重组与资本运作活动，具有跨越行政壁垒，促进资本、技术、人才流动，推动市场融合的显著效应，兼有推进市场一体化和培育市场主体的双重功能，应成为中三角区域市场一体化的主要手段。

二是联手打造世界级优势产业集群，做大做强市场一体化主体。以长江中游城市群的高端装备制造业、汽车产业、新一代电子信息产业、生物医药、文化创意等优势产业为依托，以行业龙头企业为牵引，通过区域内产业链优化布局和空间重组，比如沿区内重要交通干线京珠高速（G4）、沪昆高铁对产业链进行优化布局，打造G4科创走廊、沪昆高铁沿线先进制造业集聚带，合力打造具有国际竞争优势的世界级优势产业集群，有效放大产业集群的市场一体化效应。

二　推动长江中游城市群协同创新发展

长江中游城市群在光电子、重型机械、重大成套设备制造、汽车、轨道交通设备制造、船舶等行业拥有一批核心关键技术，创新资源禀赋和创新能力在全国具有鲜明特点。在新发展阶段构建新发展格局的背景下，长江中游城市群推进跨行政区科技创新合作，携手打造创新共同体，共促创新要素跨区域流动及优化配置，既是深入实施创新驱动发展的战略需要，又是加速形成高质量发展新动能的现实需要。

近年来，长江中游地区加快推进新型城镇化、基础设施、产业布局、生态文明、公共服务等多个领域的一体化发展。长江中游城市群科技创新合作获得高度共识，得到国家层面、省级层面、省会城市、省直科技部门的大力支持，吸引了湘鄂赣三省众多高校、科研机构、创新型企业的参与。国家层面制定《长江中游城市群发展规划》；省级层面建立省际会商机制，早在2012年即签署《长江中游城市集群科技合作框架协议》，提出了八个方面的深入合作计划；省会城市建立年度会商机制，先后签署《武汉共识》《长沙宣言》《合肥纲要》《南昌行动》《合作行动计划（2017—2020）》等政策文件，并于2013—2019年连续七年召开"长江中游城市群省会城市科技合作联席会议"。整体上看，长江中游城市群基于共同的资源禀赋特点，注重科技创新合作的力量配备、信息沟通、工作联动和资源整合，协同创新发展取得了积极进展。

当前，新一轮科技革命和产业变革方兴未艾，区域智力资源、区域环境和生产经营优势所集成的创新能力，成为影响区域经济发展的决定性因素。湘鄂赣三省不仅有积极开展协同创新发展的强烈意愿，而且有开展协同创新发展的基础条件。据《中国区域创新能力评价报告2019》显示，湖北、湖南、江西的创新能力排名分列全国第8位、第13位、第17位；政府研发投入排名分列全国第7位、第13位、第23位。据《中国区域科技创新评价报告（2019）》显示：湖北、湖南、江西的综合科技创新水平指数分列全国第8位、第15位、第18位；湖南的综合科技创新水平指数提高百分点则高居全国第2位，其增长态势非常明显。另据《国家高新区创新能力评价报告（2019）》显示：在国家高新区创新能力总指标加权增长率表现中，江西、湖北分列全国第12位、第14位，表明两省国家高新区创新能力提升较为显著，且还有很大提升空间。可见，湘鄂赣三省综合创新能力表现出较快提升的良好势头，均有意愿、有行动、有条件积极推动长江中游城市群协同创新发展。

当然，由于开展合作的历史较短、科技资源分布不均衡等种种原因，长江中游城市群协同创新发展还存在诸多短板，与长三角、珠三角等发达地区相比，还存在比较明显的差距。

首先，区域协同创新发展的理念尚未根本确立。长江中游城市群科技创新要素自由流动的有形无形障碍依然存在，各自为政的局面依然存在，利益分配的矛盾依然存在。甚至在引进技术和人才等科技活动中存在恶性竞争现象，限制了区域整体科技潜能的释放，严重阻碍了区域协同创新发展。

其次，产业同质同构在一定程度上制约了城市群协同创新发展。湘鄂赣三省大体上仍然处于工业化中后期发展阶段，主导产业基本以汽车及零部件、机械制造、化工、材料、食品加工等传统产业为主，相互之间的产业同构现象比较严重，存在的盲目攀比、恶性竞争等问题削弱了协同创新发展的基础。

最后，城市群已建立的创新合作机制主要集中在政府部门，合作范围不广泛，配套措施不完备，协调机制不健全，已有政策执行缓慢，都在不同程度制约了区域协同创新发展的更大突破，更影响了城市群科技资源共享和创新平台共建。

党的十九届五中全会提出，"坚持创新在我国现代化建设全局中的核心地位，把科技自立自强作为国家发展的战略支撑"。长江中游城市群协同创新发展的目标，是基于充分的跨省域科技创新合作，实现高水平科技自立自强，全面提升科技创新引领区域高质量发展的能力。为此，长江中游城市群需要围绕产业功能互补、设施平台互联、人才技术互通、政策制度互惠，健全区域科技创新有效分工协同的制度体系，务实推进更多主体参与、更多合作形式、更好合作成效的实质性科技创新合作，共同打造具有全国影响力的科技创新策源地。

第一，始终遵循"政府引导、优势集成、重点突破"的协同创新发展原则。通过科技资源的流动整合与优化配置，提高科技资源使用效率；通过科技与优势产业高效对接，提升产业链现代化水平；通过科技政策与服务体系融合互动，解决公共科技领域共同面对的重大科技难题，促进经济社会协调发展、绿色发展。

第二，始终秉承构建利益共同体的协同创新发展理念。城市群发展的利益相关者要"求大同、存小异"，实现相互尊重、相互学习、相互开放、相互补充、相互促进。通过利益相关者的一致行动，形成促进协同创新发展的系统合力。

第三，采取"先易后难、以线串面、以面带群"的协同创新发展策略。以战略性新兴产业、社会发展公共科技领域等为重点，以现有的国家自创区、高新区、自贸区、经开区等为突破口，打造区域创新极和区域创新带，引导产学研用金等各类创新主体拓展合作形式与范围，共同争取国家重大政策、重大项目、重大工程等在长江中游地区布局。

第四，把健全协同创新发展政策体系、布局建设协同创新共同体、核心关键技术联合攻关、科技成果就地转化、创新要素自由流动、推动创新要素共享共用、营造健康创新生态、开展目的指向明确的专题性合作研究等，作为协同创新发展的主要内容。具体而言：

一要健全协同创新发展的政策体系。联合制定《长江中游城市群科技创新合作实施细则》《长江中游城市群科技创新资源开放共享办法》《长江中游城市群跨区域产学研合作实施意见》等一系列配套政策；定期召开"长江中游城市群协同创新发展联席会议"，统筹协调湘鄂赣协同创新发展重点行动、重大项目、重要活动，总结、宣传、推广典型经验与模式等；在联席会议框架内建立科技部门"首长热线"，切实加强湘鄂赣三省和群内城市在创新战略、创新政策、创新计划、创新行动、创新服务等方面的衔接和互动，例如，探索湘鄂赣三省科技管理部门相互授权，承认对方评定的高新技术企业、高新技术产品、科技中小企业等。

二要布局建设区域协同创新共同体。联合建设国家重大基础设施、大科学装置、国家实验室、国家技术创新中心、前沿交叉研究平台等标志性创新平台；复制"长三角G60科创走廊"的经验，推动湖北省光谷科技创新大走廊，向东、向南链接辐射湖南省湘江西岸科技创新走廊、江西省赣江两岸科技创新大走廊，联手打造"长江中游'一干两支'科创走廊"；推进跨省合作共建产业园区，推动城市群内的产业链上下游配套，建立更多人才使用、技术引进、企业孵化等"创新飞地"；引导城市群内的企业与高校、院所、新型研发机构采取多种形式组建创新联合体；引导城市群内的高新区、自贸区、产业转型升级示范区采用联盟、联合的方式推进创新合作；引导城市群内的创新型城市、创新型县（市）协同发展，共同推进"百城百园"计划。

三要围绕产业共性技术、关键核心技术开展联合攻关。围绕新一代信息技术、航空航天、先进制造、生物医药、新能源、新材料、资源环境、现代农业等领域，联合规划布局基础研究、应用基础研究和技术研发；携手使用"揭榜挂帅""赛马"等方式，面向城市群内开展攻克"卡脖子"技术的悬赏；联合长三角、成渝地区等长江上下游地区的科技创新力量，共同提升产业基础能力，共同推进三省支柱产业的产业链自主可控。

四要携手推进科技成果在城市群就地转化。共同建设面向城市群的技术转移服务平台联盟，推动湘鄂赣三省已有技术交易市场的一体化，引导三省科技成果优先面向城市群转化，引导科技成果面向城市群双向、三向转移。合作共建多元化、跨区域的科技创新投融资体系，共同打造长江中游高新技术产业融资中心，探索共建长江产业发展基金的路径；重点推进三大省会城市加强科技成果对接，共同举办高校、院所、新型研发机构优势专业与地方重点企业对接会，共同遴选一批成果进行项目路演，携手吸引天使投资、创投机构为成果转化、企业孵化提供金融支持。

五要着力推动创新要素自由流动，建立共享共用的协同机制。联合建设大型科学仪器设备共享服务平台，实现科学仪器设备等资源在城市群内开放共享；携手共建"科技资源地图"和"产业地图"，共同帮扶湘鄂赣众多科技型中小企业精准配置科技资源与创新服务；探索城市群内"科技创新券"的流通共用，为企业寻找更多"协同点"；加快多层次人才数据库共建共享，开展面向湘鄂赣三省不同产业或行业的技术资格互评、职业资格互认等工作，协同实施高端人才招引措施，探索户口不迁、关系不转、身份互认、能出能进的柔性流动、人才租赁等方式，促进城市群内高中级人才同引共享；充分发挥三省行业协会、商会、研究会等民间组织的桥梁作用，面向城市群共同搭建促进区域创新合作的载体平台。

六要共同营造科技创新生态环境。广泛宣传大协作精神，营造"开放、包容、共赢"的有利于协同创新发展的社会氛围；共同吸引国际学术机构、知名高校、科研机构、企业的科技人员参与城市群科技创新合作；对推动长江中游城市群科技协同创新、产业协同发展具有较大贡献的成果，予以共同奖励。

七要积极开展应对共同挑战的专题性合作研究。加强在农业、人类健康、水污染防治、传染病预警监测、文化遗产保护等重大公益性科技领域的实质性合作，在中医药、民族医药等领域开展生物资源联合开发及健康服务推广。

总之，长江中游城市群要通过更高层次的改革实现更紧密的协同，通过更高水平的科技创新合作充分释放一体化红利，携手跑出创新加速度，共同营造发展理念相通、要素流动畅通、科技设施联通、创新链条融通、人员交流顺通的协同创新发展新格局。

三 推动长江中游城市群生态环境共建联治

长江中游城市群地区生态环境地位突出，山水林田湖浑然一体，既是我国重要的生态宝库，也是我国重要的战略水源地和水能基地，更是我国重要的生态安全屏障区。但随着长江中游城市群社会经济发展、工业化和城镇化的大力推进，人类活动对环境的破坏已经远超其自净速度，对资源的攫取已经远超其再生速度，造成了长江中游城市群地区生态系统破碎化、生物多样性持续下降、集中连片污染、资源环境超载等突出问题，严重制约了该区域的社会经济可持续发展。如何破解这一系列的难题？习近平总书记在全面推动长江经济带发展座谈会上指出，要从生态系统整体性和流域系统性出发找出问题根源，要通过协同治理和综合治理改善长江生态环境功能。在长江中游城市群区域，这需要统筹考虑三大都市圈的生态环境有机联系，加大城市群整体生态空间管控力度；需要以长江干流为天然纽带，建设绿色生态廊道，共建长江中游碳中和示范区；需要加强跨区域的联合、创新体制机制、构建生态环境保护联防联控体系，推进区域环境协调发展；需要大力发展绿色产业，共享绿色发展机遇，以生态环境再造提升长江中游城市群可持续发展能力和综合竞争力。

（一）加强洞庭湖—鄱阳湖—武汉湖群生态保护，擦亮大湖城市生态牌

长江中游城市群地区干支流河网交错，湖泊湿地群落富集，应系统保护长江干支流、鄱阳湖、洞庭湖、洪湖、梁子湖等淡水湖等滨水生态空间，优化三峡水库、丹江口水库等重要库区生态环境，并鼓励滨湖滨江构筑生态缓冲带。

长江中游城市群可推动共同开展洞庭湖、鄱阳湖流域国际重要湿地、国家级湿地自然保护地生态系统保护和修复，并建设湿地生态一体化系统监测预警平台，努力恢复湿地的自然特性和生态功能。鼓励与引导社会资本参与湿地保护修复、湿地公园建设，形成多渠道投入机制，全面提升湿地保护、管理和合理利用水平。

长江中游城市群洞庭湖、鄱阳湖及出入湖河流所在地应积极探索流域生态保护补偿的新方式，科学规划"两湖"流域综合治理与生态修复。三省应共同签订湖泊生态保护补偿协议，合理确定湖泊水生态环境改善目标，测算湖泊水生态环境治理投入，根据湖泊水生态保护修复成本、水污染贡献、水资源使用量、资源性收益等因素确定治理资金分担比例和支出方向，约定协议期限、续约条件和违约责任，加快建立区域联动、分工协作、成果共享的"两湖"流域生态保护补偿机制。

长江中游城市群区域应联合开展科学水量和航运调度与管理。应科学实施三峡、长江上游、洞庭湖流域、鄱阳湖流域梯级水库群生态调度，保障长江中游城市群生态修复的水资源量。应协调航运发展与生态保护关系，长江干支流航道建设和整治应避让铜陵淡水豚、新螺段白鱀豚、东洞庭湖、天鹅洲白鱀豚、泗洪洪泽湖湿地、鄱阳湖、鄱阳湖南矶湿地、西洞庭湖、麻阳河等自然保护区核心区。

长江中游城市群应充分发挥河湖资源优势，可加大滨湖绿化建设力度，创建滨湖生态社区；提高滨湖建筑设计水平，以湖泊水系引导城市公共空间布局；创新亲水系统建设，提升居民生活与湖泊的融合程度；共同打造世界一流水准的湖泊科研与交流平台，创建世界湖泊保护与发展联盟；联合举办全球大湖城市论坛、共同创建国际河湖名城等，擦亮生态牌，打造宜居、宜养、宜游的水生态城市名片。

（二）加强三大都市圈生态空间管控，共保共建幕阜山—九岭山生态绿心

武汉都市圈重点保护长江南北两岸所有湖泊及其邻近生态管控区域，严格保障蓄滞洪区，保护长江以北黄陂以南区域、鄂州区域优质农田集中分布区。长沙都市圈重点保护洞庭湖、湘江、资水其邻近生态空间，浏阳、平江幕阜山脉，控制蓄滞洪区建设，保护长株潭以西、娄底以北优质农田集中分布区。南昌都市圈重点保护九岭—梅岭、阁皂山、鄱阳湖等生态空间，保护赣抚平原优质农田集中分布区。同时，整合幕阜山、九岭山等地区各类自然保护地，严格控制江西修水县、湖北通城县、湖南平江县等核心区城镇和农业发展规模，加强对修水、汨罗江、浏阳河等生态网络保护。建设武汉、长沙、南昌都市圈跨省生态绿心，将其打造为长江中游城市群公共生态服务客厅、城市群生态空间建设样板、生态资本创新利用示范窗口。同时，在有条件的地方，共同培育生态价值评估、自然资源资产核算、生态保护补偿基金管理等相关机构。

（三）建设千里长江绿色廊道，探索长江中游城市群绿色崛起新模式

千里长江绿色廊道建设不仅是一个将破碎化生态环境进行整合修复，进而实现资源化的过程，更是一个将资源资产化、资本化的生态价值实现和转化的过程，并为长江中游绿色崛起提供动力。

建设千里长江绿色廊道可推进岸线生态修复，在宜宾至泸州、宜昌至岳阳、武汉至铜陵等岸段，治理修复自然保护地内被占用和干扰的岸线，严控干流江心洲滩岸线开发。通过提标准、控排放、连河湖等源头治理方式，建设长江经济带绿色保障工程体系；开展智慧农业试点，减少化肥和农药使用量，推行垃圾分类、减量化、资源化；率先制定地方标准，推广磷石膏胶结材料替代水泥的新工艺与新技术，进一步消除固体废弃物污染；重点构建绿色廊道评估体系、沿江绿色科技支撑体系，着力提升生态系统质量和稳定性。

与此同时，千里长江绿色廊道建设不应仅局限于长江干流岸线的绿化问题，更要注重岸线腹地各子流域的绿色发展的问题，如洪湖梁子湖的生态保护与碳中和作用，倒水举水流域的生态修复与红色旅游资源整合开发等，将绿色发展融入区域发展战略中去的问题。

（四）打造长江中游城市群碳中和示范区，激发净零碳经济增长新动能

长江中游地区零碳水域广阔，森林茁壮。比较优势突出，与上游、下游比较，风光、水能和生物质能具有综合潜力和成本优势。同时，长江中游城市群产业科技实力雄厚，具备实现产业零碳大跨越，推动中部高质量崛起的条件。

一是试点固碳增汇。如长江中游湿地众多，保护好长江中游湿地对于涵养水源、调节气候、防洪排涝等具有重要意义。可探索通过开展湘鄂赣湿地共同规划、保护与修复，打通长江中游水陆空生态廊道，提高长江中游碳汇库容，为长江中游经济可持续发展预留充足"碳排放"空间。

二是试点碳源控制。在长江中游城市群全域范围内控制化石能源消费，大力发展非化石能源，加快推动可再生能源发展；通过化肥农药减量增效、秸秆资源化利用、固体废弃物综合利用，最大限度减少农业温室气体排放；在全域范围内推行绿色低碳行动，大力发展低碳交通，积极发展绿色建筑，推动绿色低碳技术创新，推行绿色低碳生产生活方式；通过打造"净零碳"社区、小镇，构建宜居、宜业、宜游的鄱阳湖—洞庭湖—洪湖湿地生态经济区。

三是试点碳汇交易。加大长江中游生态环境固碳机理研究，评估固碳潜力；探索建立湘鄂赣三省生态服务和碳汇计量标准化方法，并建立相应的核算和登记体系；在三省范围内共同培育和建设生态银行，推动三省碳汇进入碳交易市场，将长江中游城市群的碳汇通过跨区域交易输出到全国。

（五）构建生态环境保护联防联控体系，推进区域环境协调发展

尽管"上下游互动、区域协调发展"已成为长江中游城市群的共识，而现实中，一旦涉及跨行政区域的问题，不同省市在环境保护政策衔接上还会存在不通畅的现象。

长江中游城市群要构建跨区域生态环境保护联防联控体系，建立跨区域生态环境保护综合管理机构，明确其主要任务和职责。建立定期协商对话机制，定期对城市群环境保护与生态修复中的重大问题进行讨论协商，达成共识。三省应该建立统一区域规划实施机制，共同编制和实施环境保护和污染防治规划，促进环保参与城市发展建设的"多规融合"；联手防治大气污染，实施城市清洁空气行动计划，建立健全城市群大气污染联防联控联治机制；共同构建跨区域自动化、立体化的生态环境监测体系，共享监测信息，加强对重大环境风险源的动态监控与风险预警及控制；加大三省省界断面的水质监测，探索流域协同治理机制。三省可按照自主协商、责任明晰的原则，充分发挥河长制、湖长制作用，建立具有约束力的协作制度，增强上下游突发水污染事件联防联控合力。加快建设区域生态环境联合研究中心，落实大气和水相关重点项目科研合作。加强水生态监测支撑能力建设，鼓励湖区和出入湖河流所在地建立监测数据共享平台。

（六）大力发展长江中游城市群绿色产业集群，共享绿色发展机遇

长江中游城市群应统一规划产业布局和梯度转移，根据区域生态功能和环境条件，强化产业承接转移指导，执行统一的行业准入和限批制度，确保"腾笼换鸟"过程中不出现污染转移，共享绿色发展机遇。长江中游城市群应共同加快生产方式的"绿色化"，大力发展绿色产业，大力发展循环经济，共建绿色产业联盟，共同构建科技含量高、资源消耗低、环境污染少的产业结构，培育新的经济增长点。长江中游城市群应推进生活方式的"绿色化"，充分发挥江西国家生态文明先行示范区、湖北国家低碳省试点和武汉、南昌、景德镇国家低碳城市试点及国家可持续发展实验区示范作用，共同推进资源节约、绿色节能节水发展。

充分发挥长江中游城市群生态资源优势，引导"一江两湖"沿岸市县深化区域旅游合作，推进特色旅游发展。依托洞庭湖三大国际重要湿地，整合洞庭湖、洪湖、长湖、鄱阳湖资源，以岳阳楼、屈子祠、城头山、汤家岗、黄山头、大通湖、天鹅洲、荆州古城等为重点，通过凝练长江中游独特的江湖生态系统和长江流域文化系统，以"长江中游湖泊系统"名义捆绑申报世界自然与文化双遗产。三省可联合成立"申遗工作委员会"，联合编制湘鄂赣世界遗产申报规划，实施"一江两湖"文化保护工程、非物质文化遗产发掘和保护工程，高标准建设长江文明馆、洞庭湖博物馆、鄱阳湖博物馆。同时，建立符合绿色项目融资特点的绿色金融服务体系，引导更多金融资源配置到绿色领域。

四 推动长江中游城市群协同开放发展

"十四五"规划提出要努力开创中部崛起新局面，并提出"建设内陆地区开放高地""推动中部地区加快崛起""推动长江中游城市群协同发展"。长江中游城市群位于我国的中心地理位置，具有贴近内需市场的天然优势和供给工业制造品的强大实力。只有做好"协同开放"工作，长江中游城市群才能将内陆地区"不临海（港）、不靠边（境）"的弱势转变为"以国内大循环为主体、国内国际双循环相互促进"新发展格局下的优势，带动城市群开放型经济进入新的发展期。

（一）推动长江中游城市群协同开放的着力点

长江中游城市群要合力推动高水平开放，打造双循环下全方位、多层次的立体开放格局。这需要具备五个基础条件，也是长江中游城市群协同开放的五个着力点。一是政策支撑，建立协同高效的贸易、投资便利化政策体系；二是交通枢纽，串联国内市场和国际市场的交通通道；三是市场条件，既有国内强大的供给和消费的市场为后盾供应出口产品和消化进口产品，又有制度创新的开放平台为前沿接轨国际市场；四是产业基础，具有融入国内价值链和全球价值链的产业链、供应链；五是创新资源，集聚使区域保持开放活力和竞争力的人才、技术等。

(二) 推动长江中游城市群协同开放的路径

长江中游城市群协同开放，需要各级政府和各类市场资源的统筹发展，既要做好地区自身的特色发展，又要抓好区域整体的协同发展。

1. 开放政策上的协同

协调推进区域开放，不同地区结合自身特点，承担不同的开放任务，促进更多地区共享对外开放成果。提高协同开放水平，进一步扩大制造业、服务业、农业领域对外开放，全面落实负面清单制度，创新联合减税降费、通关便利化等的政策支持，推进海关、口岸、知识产权保护等方面的跨区域合作，促进"政策型开放"向"制度型开放"转变。加强湘鄂赣三省优势产业的国际合作，扩大先进制造、金融服务等领域的对外投资。

2. 开放平台上的协同

推进自贸试验区、开放型经济试验区在制度创新上的协同。自贸区既是地区在更高层次上对接高标准国际规则的窗口，也是地区先行先试、谋求开放主动权的探路石。长江中游城市群可以利用湖北、湖南的自贸区和江西开放型经济试验区，建立自贸区之间的联动发展模式，促进试验区与周边区域的产业、技术融合，培育中部地区创新策源地和科创中心。积极对接"一带一路"倡议，拓展现有开放平台的同时，积极探索共建内陆自由贸易港。

推动跨境电商综试区、市场采购贸易试点、综保区等平台在模式创新上的协同。建立健全信息、平台等的共享机制，推进贸易新模式新业态协同发展，推动形成区域贸易新型竞争优势。创新推广"互联网+"的数字化贸易模式，召开长江中游城市群专场线上广交会、云展会等。培育数字经济新增长点，加快推进跨境电商综试区和新型贸易中心建设，联合打造长江中游城市跨境电商产业园（基地、孵化园区），启动建设全球数字贸易中心。

共建共享公共服务平台。推动建立跨区域的技术联盟、招商联盟、园区联盟，共同应对贸易壁垒、外资经营纠纷等，共建共享中部地区技术、品牌、营销网络等资源，联合举办各类贸易投资会展和推介活动，推动企业共同承接大型境外工程项目和离岸服务外包业务。

3. 市场一体化的建设

加快推进长江中游城市群市场一体化建设，强化"双循环"格局下超大规模市场的优势。

建立统一市场。打破行政分割，加强政府间合作治理，联合推动长江中游城市群建设统一开放的市场，包括统一的交易平台、服务规范、信用治理、市场监管等。推动要素市场的一体化，逐步实现劳动力、资金、技术、信息等的零障碍流动，推动产品检验检测、劳动力培训、技术鉴定等认证结果互认互通。

推行投融资一体化。以扩大内需为重点，申报设立千亿元级的长江中游城市集群发展促进基金。以扩大产品出口为重点，共同探索出口信用、贷款、保险等政策，共享企业海外市场拓展经验与教训。以降低对外投资风险为重点，创新融资合作框架，建立金融合作网络，强化海外资信共享与资产监管等。

打响"长江中游城市群"品牌。以品牌共育共研共享为抓手，依靠强大的腹地实力，促进优质产品和服务的高质量供给。

4. 区域产业的分工合作

产业是外向型经济发展的基础，长江中游城市群应携手推进区域产业的分工合作，以产业链、供应链分工为触角，加快区域"小循环"融入国内国际"大循环"。

提高区域产业合作水平。长江中游城市群应着眼于自身要素结构的动态变化，提高中心城市在重点产业选择上的"默契度"，提高次中心城市产业"竞争度"，加强其他中小城市产业"协同度"，建立层次分明、分工合理的一体化产业体系。

合力承担产业转移。以产业园为载体，大力推进毗邻地区之间合作共建产业园区，协同发展跨境经济合作区。推进企业跨区域联合、重组，提升产业配套能力，形成承担产业转移的集群优势，吸引产业链条整体转移和关联产业协同转移至长江中游城市群。

建设世界先进制造业集群。围绕长江中游城市群的电子信息、汽车、钢铁、装备制造、生物医药等优势产业，补链延链强链，成立跨区域集群促进机构，加快产业的集群化发展。集中三省科技力量，在关键核心技术、引领性原创成果等的研发上形成合力，提高先进制造业的技术创新能力。

（三）推动长江中游城市群协同开放的保障体系

1. 发展战略

长江中游城市群不仅是打造一个重量级经济体，而是要以创新的精神布置一个集人文、经济、生态和国际性于一体的新型战略高地，落实"五位一体"发展战略，为国家打造一个区域发展的新模式。这就需要三省求同存异，推动省际"对话合作"向"制度合作"深化。在科学的顶层设计与系统的统筹规划下，明确区域开放的整体定位，并制定各地区开放的重点领域、速度和程度，建立跨区域、有步骤、有战略的协同开放体系。

2. 营商环境

对标国际一流标准，以继续深化"放管服"改革为主旋律，全面提升各城市的市场、政务、法律、人文等营商环境。借鉴长三角、京津冀等城市群在一体化建设方面的经验，加强营商环境开放合作，不断降低区域商务成本和贸易成本，共同打造长江中游城市群市场化、法治化、国际化的营商环境，吸引更多人才和企业安家落户。

3. 基础设施

加快发展武汉城市圈、长株潭城市群和环鄱阳湖生态经济区内部交通一体化，突破性建设跨省快速交通走廊和经济走廊，建设对接"一带一路"节点、重要海港、国际机场等的要道。协调推进陆海空的跨区域一体化布局，畅通交通和物流的运输通道。推动信息等基础设施的互联互通，加快建设数字通道。

五 推动武汉、长株潭、南昌三大都市圈同城化发展

国家发改委印发的《2021年新型城镇化和城乡融合发展重点任务》（以下简称《重点任务》）指出，增强中心城市对周边地区辐射带动能力，培育发展现代化都市圈，增强城市群人口经济承载能力，形成都市圈引领城市群、城市群带动区域高质量发展的空间动力系统。《重点任务》关于城镇化驱动区域高质量发展空间动力系统的最新表述，明确了大城市、都市圈、城市群等经济发展优势地区在区域高质量发展过程中的动力源地位，并进一步明晰了动力系统的空间结构关系与传递次序。作为介于中心城市和城市群之间的城镇化形态，都市圈在空间动力系统发挥重要作用。一方面，依托围绕中心城市"一小时通勤圈"形成的都市圈是城市群的核心，其高质量发展是城市群高质量发展的内在要求。另一方面，都市圈的发展壮大，形成城市群中新的增长极，可以带动更大范围的城市群的发展。都市圈建设已经成为当前新型城镇化工作的重点任务。2019年国家发改委专门发布了《关于培育发展现代化都市圈的指导意见》，意见明确指出，促进中心城市与周边城市（镇）同城化发展是培育现代化都市圈的主要方向。

长江中游城市群既是长江经济带的重要组成部分，也是实施促进中部地区崛起战略、全方位深化改革开放和推进新型城镇化的重点区域，在我国区域发展格局中占有重要地位。当前城市群内以三个省会城市武汉、长沙、南昌为中心各自一小时通勤范围形成的武汉都市圈、长株潭都市圈、南昌都市圈已经具备一定基础。以同城化发展为主要抓手，进一步做大做强三大都市圈，对于打造引领长

江中游城市群发展的核心动力源、优化长江中游地区高质量发展空间动力系统具有重要意义。

（一）推进武汉、长株潭、南昌三大都市圈同城化发展的路径

1. 基础设施互联互通

加快构建互联互通、共享共用的现代化基础设施体系。积极对接国家综合运输大通道布局，统筹推进都市圈铁路、公路、港航、机场建设，优化都市圈对外运输大通道，加快推进武汉国际综合交通枢纽建设和长沙、南昌国家综合交通枢纽建设。优化都市圈内部路网结构体系，加速形成以干线铁路、高速铁路、城市轻轨、高速公路为主体的城际交通主骨架网。创新运输服务方式，推动都市圈城际铁路"高密度、地铁化"运营，推广市际客运班线公交化运行，提升都市圈交通设施一体化服务水平。协同推进都市圈水资源保障体系建设，推动都市圈城乡供水一体化，完善跨区域合作机制共筑都市圈防洪减灾体系。建立都市圈能源体系建设协调机制，构建统一的能源安全体系及应急处置体系，强化能源保障与安全联动能力。协调共建安全、泛在的都市圈网络基础设施和各类信息传输、应用和管理平台，拓宽开发信息平台的应用场景，打造智慧型都市圈。

2. 公共服务共建共享

提升公共服务共建共享水平和有效供给能力，推动都市圈公共服务均衡普惠。加强都市圈教育城际、校际合作，鼓励有实力的中小学以集团化办学、委托办学、师资交流等多种形式带动薄弱学校加快发展。推动优质医疗资源跨区域共享，支持医共体、专科联盟、远程医疗协作网等多种形式的医疗合作。推动公共服务从按行政等级配置向按常住人口规模配置转变，缩小城际公共服务差距。全面推广应用电子证照、电子签章、电子档案，推进政务服务事项同城化"跨市通办""一网通办"。建立以社保卡为载体的"一卡通"服务管理模式，探索城市交通、文化旅游、就医服务等业务一卡通用。

3. 生态环境共保联治与生态共同体建设

推进生态环境跨区域共保联治，建设都市圈生态共同体。构建山水林田湖草系统保护与综合治理制度体系，跨区域联合开展重要生态系统保护提升行动。协调好都市圈内"江、河、湖、库"关系，统筹推进鄱阳湖、东湖、梁子湖等水域以及长江、汉江、湘江、浏阳河、赣江、抚河等流域生态修复、资源保护与利用。加强区域环境污染综合防治，强化大气污染联防联控、饮用水水源地保护、土壤污染防治和固体废弃物治理。坚持"全域整治+全域旅游+全域发展"理念，依托都市圈内名水名山资源，打造跨行政区域的都市圈中央会客厅，推进长株潭"绿心"国家生态公园、鄱阳湖湿地国家公园建设。

4. 协同创新与创新共同体建设

发挥中心城市科创资源密集优势，鼓励武汉、长沙、南昌市高校、科研机构围绕都市圈新兴战略性产业建设产业研究院、产业创新中心等多种形式的新型研发机构，服务都市圈产业创新发展。鼓励周边城市和企业到中心城市设立飞地孵化器和企业研发中心。建设都市圈一体化的研发公共服务信息平台，推动都市圈科技创新平台、大型科学仪器、专家库等各类科创资源互惠共享。借鉴长三角经验，推行科技创新券制度，允许科技创新券在都市圈内通兑通用，鼓励中小企业购买科技服务。加快光谷科技创新大走廊、车谷产业创新大走廊、湘江西岸科技创新走廊、赣江两岸科创大走廊、赣江新区技术协同创新园建设，打造都市圈创新共同体空间载体。

5. 协同开放与开放共同体建设

打造都市圈一体化开放大平台，推进都市圈更高水平协同开放。高水平建设武汉自贸片区、长沙自贸片区、南昌和九江综合保税区，强化自贸片区、综保区与工业园区、海关特殊监管区域联动发展。加快建设都市圈港口群、机场群，扩展口岸功能、完善口岸服务，推动都市圈通关协作与一体化；着力推进发展临港经济区与领空经济区建设。完善对外交通网络，发展多式联运，对接"一带一路"重要节点，构建多层次对外开放通道。强化国内区域合作，加强武汉、长株潭、南昌都市圈之间的协作联动，引领长江中游城市圈一体化发展；推动三大都市圈与长三角、珠三角、成渝双城经济圈对接与合作。

6. 产业分工协作与产业合作体建设

依托都市圈现有产业基础，强化分工协作与优势互补，推动都市圈产业合理布局和协同发展。进一步强化武汉、长沙、南昌作为都市圈经济中心、金融中心、科技创新中心、品质消费中心和高端服务业发展中心城市功能，大力发展高新技术产业和现代服务业。推进都市圈产业双向转移，引导中心城市资源加工型、劳动密集型产业向周边城市转移，建立飞地园区、生产基地、布局配套企业；支持周边地区企业到武汉、长沙、南昌设立行政总部、研发中心、营销中心、物流中心。加强都市圈产业链供应链一体化布局，推行产业链链长制，围绕产业链展开跨区域联合招商，围绕产业链配置创新链，提升都市圈重点产业链供应链衔接和配套能力。设立都市圈产业发展基金，重点支持都市圈优势产业发展。

（二）推进武汉、长株潭、南昌三大都市圈同城化发展的保障

1. 加强对推进同城化的组织保障和规划引导

强化高层推动和顶层设计，提高领导决策的层级。成立由省政府主要领导任组长、都市圈市级政府和省直有关部门主要领导担任成员的高层级的都市圈同城化领导小组。领导小组统筹协调都市圈重大体制机制和政策创新，推进重大决策重大工程重大事项。

加强规划引导。构建都市圈同城化领导小组的统一部署，中心城市主导、周边城市积极参与的规划协调机制。高标准高规格编制都市圈总体规划及专项规划，形成都市圈统一协调的规划体系。积极争取国家发改委及相关部委对规划编制和实施的指导和政策支持。加强都市圈规划与长江中游城市群发展规划、省级发展规划等上位规划的对接。强化规划的引领作用，引导都市圈成员城市发展规划与都市圈规划对接，督促成员城市依据规划和政策制定行动方

案，推动都市圈一系列规划落地落实。建设都市圈规划管理信息平台，实现都市圈政务模块网络连接和信息共享，跟踪监测都市圈系列规划的编制和实施进程。

2. 建立推进同城化发展工作协作机制

完善都市圈同城化党政联席会议机制。中心城市和相关设区市建立党政联席会议制度，形成常态化工作机制，强化议事决策功能，研究解决同城化建设工作中的重大问题重大政策重大项目，统筹协调各部门职责分工。建立都市圈人大、政协、部门的同城化联席会议制度。

建立都市圈重大项目合作推进机制。梳理都市圈发展重大项目和事项形成项目库，依托项目建立跨区域的部门协作机构，由都市圈同城化推进领导组办公室定期协调，共同推进项目进展。

3. 完善同城化的利益协调机制

同城化是经济社会事务在原有行政区域上的突破，同城化过程中不可避免地在不同行政区域、不同行为主体之间产生各种形式的利益冲突，成为同城化的阻力。高效有力的利益冲突协调机制如同都市圈同城化的润滑剂，保障都市圈同城化的顺畅推进。推进武汉、长株潭、南昌三大都市圈同城化发展，当前急需在以下领域建立完善利益协调机制。

健全产业合作利益协调机制。建立健全"飞地经济"模式下合作园区建设运营成本分担、经济产出共享和经济指标划分的合理机制。鼓励都市圈产业整合和企业跨区域兼并重组，探索产业区际转移企业注册地和投资地利益共享机制，创新建设项目税收分配办法，实行"属地征收、利益共享"的税收政策。编制都市圈统一的产业指导目录，制定统一的招商引资政策，搭建统一的招商平台，整体优化都市圈营商环境，提高招商引资效率，避免招商引资优惠政策大战。

完善多元化生态补偿机制。完善都市圈生态保护的横向生态补偿机制，鼓励受益区采用多元化方式补偿保护区。积极推进生态价值转化体系建设，推进排污权交易和碳排放权交易，支持建设区域性排污权、碳排放权等交易市场，通过市场机制实现绿水青山向金山银山的转化。探索从都市圈层面对国家级、省级重点生态功能区进行生态补偿机制。设立都市圈产业生态环境治理专项基金，鼓励多个城市联合申报生态协同治理项目。

创新重大项目投融资保障协调机制。进一步完善都市圈跨区域重大基础设施事权划分，健全涉及跨区域基础设施建设项目出资安排和收益分成机制。设立都市圈同城化发展投资基金，鼓励金融机构创新融资模式，重点支持跨区域重大基础设施和公共服务建设。

参考文献

科学技术部火炬高技术产业开发中心、中国科学院科技战略咨询研究院：《国家高新区创新能力评价报告（2019）》，科学技术文献出版社2019年版。

推动长江经济带发展领导小组办公室：《长江经济带发展报告（2020）》，人民出版社2021年版。

《中华人民共和国国民经济和社会发展第十四个五年规划和二〇三五年远景目标纲要》，人民出版社2021年版。

《中共中央国务院关于新时代推动中部地区高质量发展的意见》，人民出版社2021年版。

《中华人民共和国长江保护法》，中国法制出版社2021年版。

中国科技发展战略研究小组、中国科学院大学中国创新创业管理研究中心：《中国区域创新能力评价报告（2019）》，科学技术文献出版社2019年版。

中国科学技术发展战略研究院：《中国区域科技创新评价报告（2019）》，科学技术文献出版社2019年版。

Promote the Coordinated Development of Urban Agglomerations in the Middle Reaches of the Yangtze River

LI Lin   LIU Fan   LI Hao   HE Yan   XU Shuiping

Abstract: Promoting the development of the urban agglomeration in the middle reaches of the Yangtze River is of great strategic significance to relying on the golden waterway to promote the development of the Yangtze River Economic Belt, to accelerate the overall rise of the central region, to explore new urbanization paths, and to promote regional integrated development. The establishment of a regional unified market is the cornerstone for the optimal allocation of resources and the improvement of overall efficiency, and the key to the coordinated development of urban agglomerations. It should be achieved through overall planning, building pilot demonstration areas for market integration such as "Xianyuejiu" and "Little Triangle", building a benefit-sharing mechanism and dynamic mechanism for multiple entities to participate in collaborative efforts, and jointly creating world-class advantageous industrial clusters to build a regional unified market. The urban agglomeration in the middle reaches of the Yangtze River joins hands to create an innovation community, which is not only a strategic need for in-depth implementation of innovation-driven development, but also a practical need to accelerate the formation of new kinetic energy for high-quality development. To build a nationally influential source of scientific and technological innovation, it is necessary to focus on complementary industrial functions, interconnection of facilities and platforms, exchange of talents and technologies, and mutual benefit of policies and systems, improve the institutional system for effective division of labor and coordination in regional scientific and technological innovation, and pragmatically promote substantive scientific and technological innovation cooperation. To realize the co-construction and joint governance of the ecological environment of the urban agglomeration in the middle reaches of the Yangtze River, it is required to consider the organic connection of the ecological environment of the metropolitan area, strengthen cross-regional cooperation, vigorously develop green industries, build a green ecological corridor with the main stream of the Yangtze River as a natural link, and jointly build a carbon neutral demonstration area in the middle reaches of the Yangtze River. Promote the coordinated and open development of urban agglomerations in the middle reaches of the Yangtze River from the three dimensions of policies, platforms and markets, focusing on improving development strategies, business environment, and infrastructure. Making Wuhan Metropolitan Area, Changsha - Zhuzhou - Xiangtan City Group and Nanchang metropolitan area bigger and stronger is of great significance to creating a core driving force for the development of urban agglomerations in the middle reaches of the Yangtze River and optimizing the spatial power system for high-quality development in the middle reaches of the Yangtze River.

Key words: Urban agglomeration in the middle reaches of the Yangtze River　Market integration　Collaborative innovation　Co-construction and joint governance of ecological environment　Collaborative opening　Metropolitan area

（责任编辑：吴传清）

长江流域创新经济研究

长江经济带协同创新效率的空间溢出效应研究[*]

范 斐 刘蒲宇[**]

摘 要: 基于产学研三螺旋理论和空间关联理论,分别构建了长江经济带城市内部的协同创新框架和城市之间的协同创新框架,并利用网络 DEA 模型、引力模型和空间杜宾模型测度和分析了长江经济带 36 个创新型城市的协同创新效率。结果发现,长江经济带城市内部协同创新效率呈现上升趋势,"研转产"效率显著高于"学转研"效率。在长江经济带创新型城市之间,资本流动有明显的溢出效应,促进了长江经济带创新网络效率的提升,而制度学习的长期性特征对当期的协同创新效率产生了负面影响。

关键词: 长江经济带 创新型城市 协同创新效率 协同创新

在经济全球化和一体化的时代,创新是社会变革的关键因素,既是国家建立长期优势的重要工具,也是经济发展的驱动力。创新也被视为中国赶超更发达国家的重要手段,改革开放以来,中国经济借助巨大的人口红利和市场规模优势,实现了前所未有的发展,成为世界第二大经济体。长江经济带是当前我国新一轮改革开放转型、实施新区域开放开发的主要战略,而科技创新是驱动长江经济带经济转型升级和高质量发展的主要动力,因此,应充分发挥各城

---

[*] 基金项目:国家社会科学基金项目"推动长江经济带制造业高质量发展研究"(19BJL061)。

[**] 范斐,武汉大学中国中部发展研究院副教授;刘蒲宇,武汉大学中国中部发展研究院硕士研究生。

市协同联动的整体优势，建立促进产学研有效衔接、跨区域通力合作的体制机制，全面塑造长江经济带创新驱动发展新优势。

而协同已成为世界技术创新活动的一种新趋势，成为整合创新资源和加速技术创新的有效途径。协同创新一方面可以促进创新要素在各主体间的流动，从而使本地区各创新主体间形成紧密合作的创新网络，进而大幅度提高本地区的创新绩效。另一方面，可以促进区域间的合作，形成"1+1>2"的创新发展模式，在资源有限的情况下实现创新的高速发展。根据创新在城市内部和城市之间的外部性，本文构建了基于创新三螺旋结构的长江经济带城市内部协同创新框架和基于城市间空间关联的城市间协同创新框架。创新水平的提高不仅取决于创新要素的投入量，更取决于创新投入产出的绩效。本文以长江经济带36个创新型城市作为研究对象，通过网络数据包络分析（DEA）模型对长江经济带创新型城市内部协同创新的各个阶段效率和总效率进行了测度。然后，利用引力模型量化城市间的资本流动、人才流动和制度学习，并利用空间计量模型分析了各因素对长江经济带城市间协同创新的影响。

本文的主要贡献如下：①基于三螺旋理论和空间相关理论，构建了新的产学研协同创新框架，将创新要素在长江经济带城市内部和城市之间的流动联系起来；②本文打开了长江经济带产学研协同创新的"黑箱"，将产学研协同创新过程分解为"学转研"和"研转产"两个阶段。同时，运用网络DEA模型对两个阶段的效率和总效率进行了测度，并对其影响因素进行了检验；③基于引力模型和空间计量经济模型，揭示了资本流动、人才流动和制度学习对长江经济带协同创新效率的影响。

一 研究背景与方法

（一）研究区域和时期

创新型城市是指以科技进步为动力，以自主创新为导向，以创新文化为基础，主要依托科技、知识、人力资源、文化、体制机制等创新要素的城市。创新型城市既是长江经济带开展国家创新活动、实现创新发展、建设创新型国家的重要空间载体，也是推进长江经济带国家创新体系建设的关键环节，还是加快经济发展方式转变的核心引擎，在长江经济带经济和社会发展中发挥着重要的战略作用。2008年，国家发改委批准深圳作为全国首个创新型城市试点，此后，中国创新型城市的数量不断增加，200多个城市提出了成为创新型城市的构想，78个城市被科技部批准为试点城市，其中36个城市位于长江经济带（见表1）。为了便于比较，本文直接选取上海、重庆等地，而不是其区级单位。

表1　　　　　　长江经济带创新型试点城市分布

年份	长江下游	长江中游	长江上游
2010	杨浦（上海）、南京、无锡、常州、苏州、宁波、嘉兴	合肥、南昌、景德镇、武汉、长沙	沙坪坝（重庆）、成都、贵阳、昆明
2011	连云港、镇江		
2012	南通		
2013	盐城、扬州、泰州、杭州、湖州	萍乡、宜昌、襄阳	遵义
2018	徐州、绍兴、金华	马鞍山、芜湖、株洲、衡阳	玉溪

资料来源：笔者根据相关资料整理所得。

（二）方法和变量

1. 网络数据包络分析

由于长江经济带城市内部的协同创新涉及较多的主体和不同的

环节，如果采用普通的数据包络分析模型，会使创新过程中的研究过程成为一个"黑箱"而被忽视，导致城市内部协同创新效率的计算不准确。Fare 等（1994）建立了网络 DEA 理论体系，将"黑箱"变为"灰箱"，以观察投入和产出之间的具体过程，解决了将投入和产出过程作为"黑箱"造成中间环节数据缺失的问题。城市的企业、高校、科研院所的创新三重螺旋结构是一个循环的结构，其内部各个创新主体之间进行创新人才和资本等要素的交互。各创新主体间的链式关系主要可以分为"学转研"和"研转产"两阶段，两阶段通过创新主体间的联系形成了循环式的结构。其中，"学转研"指高校从企业合作或政府转移支付中获取资金并利用其作为培养资本为下一阶段输出所需的创新人才的过程；而"研转产"是指科研机构将从企业和政府获得的资金投入和从高校吸纳的创新人才转化为科研成果并将其投入生产和应用的过程。为了对创新效率进行量化分析，本文按照"学转研"和"研转产"的顺序，将循环结构分解为链式结构，运用网络 DEA 模型来衡量长江经济带城市内部协同创新的效率。

参考相关研究和城市内部协同创新过程，本文采用链式网络 DEA 量化长江经济带协同创新效率。每一个地级以上城市即为一个决策单元 $DMU_i(i=1, 2, \cdots, n)$，假设整个过程中共有 $s(s=1, 2, \cdots, S)$ 个阶段，每个阶段的投入变量和产出变量分别为 I_i^s 和 O_i^s，且满足 $I_i^s \in R_+^{\alpha s}$ 和 $O_i^s \in R_+^{\beta s}$；s 阶段与 $s+1$ 阶段的中间变量设定为 $P_i^{(s,s+1)}$，且满足 $P_i^{(s,s+1)} \in R_+^{\gamma(s,s+1)}$，其中 α、β 和 γ 分别表示投入变量、产出变量和中间变量的个数，$\alpha = 1, 2, \cdots, x$，$\beta = 1, 2, \cdots, y$，$\gamma = 1, 2, \cdots, z$。λ^s 是模型权重，w^s 则是第 s 阶在整个过程中的权重变量，且 $\lambda^s \in R_+^n$，μ^{s-} 和 μ^{s+} 分别是投入变量和产出变量的松弛变量，则网络包络分析模型的目标 θ 可以表示为：

$$\theta = \min \frac{\sum_{s=1}^{S} \omega^s \left[1 - \frac{1}{\alpha} \left(\sum_{x=1}^{\alpha} \frac{\mu_x^{s-}}{I_{x_0}^s} \right) \right]}{\sum_{s=1}^{S} \omega^s \left[1 + \frac{1}{\beta} \left(\sum_{y=1}^{\beta} \frac{\mu_x^{s+}}{O_{y_0}^s} \right) \right]}$$

$$\begin{cases} I_0^s = \sum_{i=1}^{n} \lambda_i^s I_i^s + \mu^{s-} \\ O_0^s = \sum_{i=1}^{n} \lambda_i^s O_i^s + \mu^{s+} \\ P^{(s, s+1)} \lambda^{s+1} = P^{(s, s+1)} \lambda^s \\ \sum_{i=1}^{N} \lambda_i^s = \sum_{s=1}^{S} \omega^s = 1 \\ \lambda^S, \mu^{s-}, \mu^{s+}, w^S \geq 0 \end{cases} \quad (1)$$

其中，阶段 s 的效率可以表示为：

$$\theta_s = \frac{1 - \frac{1}{\alpha} \left(\sum_{x=1}^{\alpha} \frac{\mu_x^{s-*}}{I_{x_0}^s} \right)}{1 + \frac{1}{\beta} \left(\sum_{y=1}^{\beta} \frac{\mu_x^{s+*}}{O_{y_0}^s} \right)} \quad (2)$$

2. 引力模型

长江经济带城市内部协同创新效率不仅会受到城市内部因素的影响，而且会受到整个创新型城市网络中资本流动、人才流动和制度学习的影响。引力模型是物理学中的引力法则在社会科学中的成功运用，主要用于研究经济社会中的空间相互作用问题。引力模型不仅可以反映城市之间的经济联系、生态联系、科技联系，而且度量了空间联系的强度。基于引力模型，城市间的协同创新绩效表现为城市内部协同创新绩效在城市间的协同发展过程，两地间的创新要素差距越大，创新活动的吸收和外溢难度就越大，两地间的协同创新关联就越弱。为了论证创新型城市之间的互动关系，本文借鉴了 Wang 等（2017）的研究，从资本流动、人才流动和制度学习三个方面构建了引力模型。

考虑到资本具有向更为活跃的市场流动的特征,测度 R&D 资本流动量的引力模型如下:

$$FK_{ij} = G \frac{market_i \cdot K_j}{d_{ij}^2} \tag{3}$$

在式 (3) 中,FK_{ij} 是创新型城市 i 对创新型城市 j 的 R&D 资本的吸引力,可以估算从长江经济带创新型城市 j 流向创新型城市 i 的 R&D 资本量。$market_i$ 是创新型城市 i 的市场发展水平,K_j 为当期创新型城市 j 的 R&D 投资。G 为引力常数,一般取 1。d_{ij} 是两城市之间的距离。区域间的空间吸引力水平与其所处的地理位置有着密切的联系,任何地区与其他周围的地区之间均存在经济联系,并且距离较近的地区往往比距离较远的地区经济联系更为紧密,这也符合地理学第一定律,由此可知,地理距离相近的地区之间经济相关性越强,其 R&D 资本的往来也会较为频繁。最终,流入创新型城市 i 的 R&D 资本总量可以用下式估算:

$$FK_i = \sum_{j=1}^{75} FK_{ij} \tag{4}$$

考虑到人才会向工资更高的城市迁移,测度长江经济带创新人才流动量的引力模型如下:

$$FL_{ij} = G \frac{wage_i \cdot L_j}{d_{ij}^2} \tag{5}$$

式 (5) 中,FL_{ij} 是长江经济带创新型城市 i 对创新型城市 j 的人才的吸引力,可以估算从创新型城市 j 流向创新型城市 i 的创新人才数量。$wage_i$ 为创新型城市 i 的平均工资水平,L_j 为创新型城市 j 的科研人员数量。d_{ij} 是两城市之间的距离。那么流入创新型城市 i 的创新人才总量可由下式估算:

$$FL_i = \sum_{j=1}^{75} FL_{ij} \tag{6}$$

由于官员考核和地方政府竞争等原因,当一个创新型城市的发展水平较好时,其他的创新型城市也会加大对科技创新的财政支出以追赶领先者。我们将地方政府向经济发展水平较好地区学习和模仿的特征称为制度学习。本文测度的制度学习仅指创新型城市模仿其他经济发达地区对于科技创新的支持强度，其引力模型如下：

$$FP_{ij} = G \frac{Gov_i \cdot GDP_j}{d_{ij}^2} \tag{7}$$

式（7）中，FP_{ij}是长江经济带创新型城市j对创新型城市i的制度影响，可以估算创新型城市i对创新型城市j制度学习的强度。Gov_i是创新型城市i的政府科学技术支出，GDP_j为创新型城市j的GDP。d_{ij}是两城市之间的距离。需要说明的是，虽然当前地方政府的考核体系不局限于GDP，但是GDP仍然是重要考核指标之一，且创新型城市基本上为经济发展较好的城市，GDP考核相对于其他资源型城市、旅游城市等更为重要，因而本文选择用GDP衡量当地政府的制度影响。那么，长江经济带创新型城市i的制度学习的总强度可由下式估算：

$$FP_i = \sum_{j=1}^{75} FP_{ij} \tag{8}$$

3. 空间计量模型

本文采用能够反映研究对象空间相关性的空间计量经济模型，探讨长江经济带城市内部协同创新效率与协同创新网络之间的关系。空间经济计量模型可分为空间滞后模型和空间误差模型。前者表示本地区的因变量不仅受本地区特征自变量的影响，还受相邻地区因变量的影响；后者意味着本地区因变量不仅受本地区的自变量的影响，也受未观察到的跨区域因素的影响。空间杜宾模型是空间滞后模型和空间误差模型的结合，在本质上更具普遍性。空间杜宾模型的表达式如下：

$$Y = \rho WY + X\beta + WX\theta + \varepsilon \tag{9}$$

式（9）中，Y为长江经济带城市内部协同创新效率，W为空间权重矩阵，X为协同创新效率的影响因素，包括资本流动（流入该城市的资本量）和人才流动（流入该城市的人才数量），以及制度学习（该城市对其他城市的制度学习强度）。WX为协同创新效率影响因素的空间滞后项，ε 是随机扰动项。由于空间权重矩阵的引入使空间计量模型具有非线性结构，因此回归系数不再反映自变量对因变量的影响。LeSage 和 Pace（2009）以偏导矩的方式给出了空间杜宾计量模型的参数释义，提出了总效应、直接效应、间接效应等概念。总效应表示 X 对所有城市造成的平均影响，直接效应表示 X 对本城市 Y 造成的平均影响，间接效应表示 X 对其他城市 Y 造成的平均影响。因此，我们将式（9）改写成以下形式：

$$(I_n - \rho W) Y = X\beta + W X \theta + \varepsilon \tag{10}$$

经过推导换算，直接效应的值为矩阵 $S_r(W)$ 中对角线元素的平均值，如下：

$$\overline{M}(r)_{direct\ effect} = n^{-1} tr[S_r(W)] \tag{11}$$

$$\overline{M}(r)_{indirect\ effect} = \overline{M}(r)_{total\ effect} - \overline{M}(r)_{direct\ effect} \tag{12}$$

总效应为矩阵 $S_r(W)$ 中所有元素的平均值，如下：

$$\overline{M}(r)_{total\ effect} = n^{-1} l_n^{-1} S_r(W) l_n \tag{13}$$

4. 变量和数据

基于长江经济带城市内部协同创新框架，参考相关研究和网络数据包络分析模型的数据要求，分别从人力资源、资本两个方面选取普通高校在校学生数、城镇单位教育从业人员数和公共财政教育支出来反映长江经济带第一阶段"学转研"的投入；选取城镇单位科技从业人员数作为第一阶段"学转研"的产出。然后以城镇单位科技从业人员数和公共财政科技支出、全社会固定资产存量作为长江经济带第二阶段"研转产"的投入；以科研论文数、专利数、GDP 作为第二阶段"研转产"的科研产出和经济产出，如表 2 所示。

表 2　　　　　　长江经济带城市内部协同创新指标

	阶段	指标	单位
投入变量	1	普通高校在校学生数	人
	1	城镇单位教育从业人员数	万人
	1	公共财政教育支出	万元

续表

阶段	指标	单位
2	公共财政科技支出	万元
中间变量 2	全社会固定资产存量	万元
1/2	城镇单位科技从业人员数	万人
2	科研论文数	篇
产出变量 2	三项专利数	项
2	地区生产总值	万元

为保障数据来源的统计口径一致，除科研论文数（篇）、三项专利数（项）和全社会固定资产存量（万元）外各项指标数据均来自《中国城市统计年鉴》。科研论文数（篇）包括国内论文和国外论文两个部分，其中国内论文数在中国知网（http://www.cnki.net/）高级检索中通过设定不同作者单位完成，国外论文数在Web of Science（https://www.webofscience.com/）中通过高级检索来完成。全社会固定资产存量（万元）通过永续盘存法计算得到。

二 城市内部协同创新效率

（一）协同创新效率分析

为使协同创新效率计算结果具有全局性和一般性，通过网络DEA模型，利用MaxDEA软件测度长江经济带36个创新型城市2003—2017年的城市内部协同创新绩效，并选取第一阶段、第二阶段效率和总效率的平均值，如表3所示。

表 3　长江经济带创新型城市协同创新效率平均值

城市	学转研	研转产	总效率	城市	学转研	研转产	总效率
上海	0.35	0.56	0.37	合肥	0.23	0.46	0.27
南京	0.22	0.86	0.52	芜湖	0.08	0.31	0.15
无锡	0.13	0.32	0.17	马鞍山	0.14	0.26	0.14

续表

城市	学转研	研转产	总效率	城市	学转研	研转产	总效率
徐州	0.08	0.38	0.19	南昌	0.20	0.46	0.27
常州	0.10	0.48	0.24	景德镇	0.18	0.25	0.14
苏州	0.07	0.71	0.36	萍乡	0.11	0.18	0.09
南通	0.08	0.44	0.23	武汉	0.24	0.71	0.44
连云港	0.12	0.25	0.13	宜昌	0.24	0.21	0.12
盐城	0.07	0.31	0.15	襄阳	0.28	0.08	0.05
扬州	0.10	0.59	0.30	长沙	0.23	0.52	0.31
镇江	0.11	0.56	0.29	株洲	0.10	0.38	0.19
台州	0.10	0.29	0.15	衡阳	0.10	0.35	0.18
杭州	0.26	0.54	0.33	重庆	0.15	0.43	0.24
宁波	0.12	0.33	0.17	成都	0.36	0.61	0.42
嘉兴	0.14	0.12	0.06	桂阳	0.22	0.34	0.20
湖州	0.11	0.30	0.16	遵义	0.10	0.31	0.16
绍兴	0.08	0.30	0.15	昆明	0.37	0.41	0.27

在"学转研"效率方面，长江经济带各城市中效率明显高于其他创新型城市包括上海、成都和昆明，其"学转研"效率都高于0.3，是各自区域的核心城市。这表明了长江经济带各个地区形成了以区域中心型创新城市为核心的"学转研"模式。其他创新型城市的"学转研"效率较低，主要集中在0.1—0.2的区间内。在"研转产"效率方面，南京"一枝独秀"，"研转产"效率高于0.8，苏州和武汉保持了相对于长江经济带其他创新型城市的领先地位，"研转产"效率高于0.7。此外，成都、上海、扬州和镇江等创新型城市"研转产"效率也相对较高，是各自区域的核心城市。长江经济带其他创新型城市的"研转产"效率远高于"学转研"效率，多数创新型城市的"研转产"效率是"学转研"效率的2倍。在总效率方面，上海、南京、苏州、杭州、武汉、长沙和成都的效率相对较高，是长江经济带协同创新效率的极核地区。

长江经济带创新型城市内部不同阶段的效率表明，除了一些地区的核心城市外，长江经济带大多数创新型城市的效率较低。造成这一现象的原因主要包括两方面：一是长江经济带核心城市集中了大量的创新资源，而长江经济带其他城市既不是区域核心城市，也不是省会城市，因而效率较低。二是长江经济带"学转研"效率过低，导致总效率偏低。国家重点大学、实验室和科研机构大多分布于上海、南京、武汉等少数几个城市，导致了其他创新型城市的创新投入和产出实力不足。不过，以苏州为代表的一些城市通过极高的"研转产"效率带动了本地的总效率，这为其他城市提升协同创新效率提供了有益的参考。

（二）城市内部影响因素分析

经济社会发展的诸多因素都会影响城市内部协同创新绩效，这种影响既可能是对长江经济带第一阶段"学转研"绩效的影响，也可能是对长江经济带第二阶段"研转产"的影响，还可能是对长江经济带协同创新整体绩效的影响。为衡量不同因素对于长江经济带城市内部协同创新绩效的不同影响，本文分别从产业结构、市场环境、国外因素、基础建设和生活水平五个维度进行分析。

鉴于第一产业和第二产业更注重技术创新，而第三产业则更注重制度创新，同时技术创新对于第二产业的推动作用最为明显，因此本文选取第二产业占地区生产总值的比重（%）作为不同城市产业结构的代理变量，以反映城市产业结构对于协同创新绩效的影响。选取社会消费品零售总额（万元）作为市场环境的代理变量，以反映市场活跃度对于协同创新绩效的影响。鉴于国外科技和知识会通过FDI影响各城市科技创新水平，本文采用FDI（万美元）作为国外对协同创新效率影响的代理变量。由于创新主要涉及信息的传输和扩散，而较少涉及与实物产品相关的传统基础设施，因此本文使用互联网宽带接入用户数（万户）作为代理变量来反映基础设施的影响。提供更便利的生活条件的更高的生活水平不仅对特定的人才有吸引力，而且对其他普通的人力资源也有吸引力，从而完善城市的社会分工体系。本文选取在岗职工平均工资（元）作为生活水平的代理变量，以反映生活水平对于协同创新的影响。

以长江经济带各阶段的协同创新效率为因变量,以产业结构、市场环境、国外因素、基础设施、生活水平为解释变量,采用固定效应模型来度量各因素的影响。结果见表4。

表4　长江经济带城市内部协同创新效率影响因素回归结果

	学转研	研转产	总效率
产业结构	-0.21***	-0.15***	-0.18***
	(0.00)	(0.00)	(0.00)
市场环境	0.00	-0.05	-0.02
	(0.90)	(0.10)	(0.22)
国外因素	-0.01***	-0.04***	-0.02***
	(0.01)	(0.00)	(0.00)
基础设施	0.01	0.02**	0.01*
	(0.13)	(0.01)	(0.06)
生活水平	-0.03	0.07**	0.03
	(0.15)	(0.05)	(0.23)
_Cons	1.59***	1.25***	1.24***
	(0.00)	(0.00)	(0.00)
sigma_u	0.10	0.22	0.15
sigma_e	0.09	0.13	0.09
rho	0.55	0.65	0.66

注:***、**、*分别表示1%、5%、10%水平的统计显著性。括号中是p值。

产业结构和国外因素两个因素会对长江经济带协同创新"学转研"阶段绩效产生负向影响,且这两个因素均在1%的水平下显著。当城市的第二产业比重更大时,城市工业化对于城市经济发展的支撑作用也就越更明显,第二产业占比过大导致了当地在工业发展时更加追求规模效应以降低成本和提高利润,而不是将经济发展的重点放到科技创新的教育环节。外资对长江经济带协同创新"学转研"阶段绩效的负面影响则是源于资本的逐利特性,如果某一城市更加注重科技创新,那么势必会将一部分资本投入创新过程中。科技创新，特别是其中的教育环节，是一项长期的、高风险的工程，而国外的资本更愿意去投资一些相对稳定的生产组织形式，导致FDI 与长江经济带"学转研"效率呈负相关。

五个影响因素中，四个因素均会对长江经济带协同创新的"研转产"绩效产生影响。产业结构和 FDI 对长江经济带"研转产"绩效产生负面影响，且在 1% 的水平下显著，背后的原因与"学转研"阶段相似，前者是由于对规模效应的追求，后者则是由于资本的逐利特性。相反，基础设施和生活水平对"研转产"绩效产生正向影响，且在 5% 的水平下显著。基础建设可以使更多的受益人群融入创新网络，扩大了创新活动的范围，进而提高效率；生活水平的提升则有利于吸收更多的创新型人才和其他能够提高科技创新者生活舒适度的配套劳动行业。科技创新从业人员数量和质量会随之提升，并直接对长江经济带"研转产"绩效产生正面影响。

就长江经济带协同创新总效率而言，产业结构和国外因素都会产生负面影响，且在 1% 的水平下显著，与它们对长江经济带"学转研"和"研转产"效率的影响相似。基础设施对长江经济带协同创新的总效率有积极影响，且在 1% 的水平下显著。基础设施对长江经济带协同创新总效率的影响机制大体上类似于"研转产"阶段。

（三）稳健性检验

为了检验回归的可信度，我们从替换现有指标、增加新的自变量、改变估计方法三个方面进行了稳健性检验。第一，由于电力供应也反映了基础设施的建设情况，我们以此来替代互联网宽带接入用户数并重新进行回归分析。第二，我们将环境监管作为一个自变量，因为它也会影响创新。在修正的回归分析中，我们使用二氧化硫排放量作为环境管制的替代变量。最后，我们通过改变估计方法来检验稳健性，并使用稳健标准误进行回归。由于篇幅有限，这里不展示结果，但三次稳健性检验的结果与原始结果相似，证明了原始结果的可靠性。

三 城市之间协同创新效率

（一）协同创新效率的空间关联检验

以36个创新型城市为创新主体，利用ArcGIS 10.2软件的全局Moran指数功能测算了创新型城市内部协同创新效率的空间相关特征，结果如表5所示。各阶段的P值均为0.000，说明创新型城市协同创新各阶段的Moran's I指数具有显著性。

表5　城市之间协同创新各阶段效率的Moran's I指数

效率类别	2003年	2004年	2005年	2006年	2007年	2008年	2009年	2010年
学转研	0.18	0.22	0.24	0.25	0.29	0.26	0.40	0.44
研转产	0.40	0.56	0.32	0.41	0.64	0.63	0.63	0.61
总效率	0.28	0.51	0.2275	0.30	0.52	0.53	0.56	0.51
效率类别	2011年	2012年	2013年	2014年	2015年	2016年	2017年	
学转研	0.32	0.42	0.43	0.39	0.39	0.36	0.22	
研转产	0.24	0.58	0.59	0.60	0.61	0.58	0.56	
总效率	0.20	0.43	0.60	0.46	0.46	0.43	0.46	

从表5可以看出，36个创新型城市协同创新各阶段的Moran's I指数均保持在0.2以上。大部分时期的Moran's I指数均大于0.4，表明协同创新各阶段的效率不是随机分布的。可以认为，在15年的测量期间内，36个城市在效率方面保持着显著的空间相关性。因此，从协同创新各阶段效率的角度出发，将创新型城市作为宏观层面的创新主体是合理的。此外，由于Moran's I指数在测量期的每一年都为正数，这表明各阶段的创新效率在空间上表现为集聚特征，其中效率值较高的创新型城市在地理上更为接近，而效率值较低的创新型城市在地理位置上也更为临近。

（二）城市之间要素流动影响的分析

以创新型城市内部协同创新各阶段的效率为因变量，以城市间人才流动、资本流动和制度学习的对数为自变量，进行城市间协同创新效率分析。对影响因素进行对数处理，城市间影响因素的描述性统计如表 6 所示。

表 6　城市之间影响因素描述性统计

	平均值	标准误	最小值	最大值
资本流动	12.26	1.56	6.13	17.25
人才流动	5.59	2.12	-0.72	12.80
制度学习	9.57	3.00	-2.85	18.88

Wald 空间滞后检验、LR 空间滞后检验、Wald 空间误差检验和 LR 空间误差检验在每个阶段都拒绝了零假设，如表 7 所示。结果表明，应采用空间杜宾模型，既不能转化为空间滞后模型，也不能转化为空间误差模型。Hausman 检验支持固定效应。为了统一城市内部协同创新的各种效率特征，选择双固定效应。

表 7　城市之间协同创新效率影响因素的空间回归结果

		学转研	研转产	总效率
Main	资本流动	-0.01	0.00	-0.02
	人才流动	-0.03*	0.05	0.01
	制度学习	0.00	-0.08***	-0.04***
Wx	资本流动	0.35**	1.05***	0.85***
	人才流动	-0.22**	0.16	0.01
	制度学习	-0.09	-0.65***	-0.41***
Spatial	rho	-1.33***	-1.12***	-1.05***
Variance	sigma	0.00***	0.01***	0.01***
Hausman Test		348.75***	512.38***	521.32***
LR-spatial-lag		14.25***	35.28***	29.62***

续表

	学转研	研转产	总效率
LR-spatial-error	13.24***	32.38***	31.45***
Wald-spatial-lag	11.68***	35.42***	29.62***
Wald-spatial-error	11.52***	28.78***	27.32***

注：***、**、*分别表示1%、5%、10%水平的统计显著性。

在不考虑空间关联的情况下，只有制度学习对创新型城市的效率有显著影响，而资本和人才流动的影响不显著。在考虑空间因素后，资本流动、人才流动、制度学习对不同阶段的创新效率有不同的影响，更符合实际情况。对资本流动、人才流动和制度学习影响的分解如表8所示。

表8　　　　　　　　　空间影响因素分解

		学转研	研转产	总效率
直接效应	资本流动	-0.02	-0.01	-0.02
	人才流动	-0.03**	0.04*	0.01
	制度学习	0.00	-0.07***	-0.04***
间接效应	资本流动	0.19**	0.49***	0.37***
	人才流动	-0.10*	0.05	-0.03
	制度学习	-0.06	-0.27***	-0.17***
总效应	资本流动	0.16**	0.46***	0.32***
	人才流动	-0.09**	0.10	-0.00
	制度学习	-0.04	-0.31***	-0.21***

注：***、**、*分别表示1%、5%、10%水平的统计显著性。

在"学转研"阶段，资本流动具有空间溢出效应，整体上促进了创新型城市"学转研"效率的提高。与流向更活跃的市场类似，R&D资本也流向创新效率更高的地区，促进了创新资源的合理配置，从而进一步提高了效率。人才流动的作用与资本流动的作用相反,整体上对"学转研"的效率产生负面影响。为了追求更高的工资,来自经济欠发达城市的人才大量涌入工资更高的城市,造成该城市人才冗余和其他城市人才不足。创新人才配置的不合理导致协同创新"学转研"阶段效率降低。而制度学习对创新型城市"学转研"效率没有显著的影响。

在"研转产"阶段,资本流动的影响与上个阶段相似。它具有显著的溢出效应,整体上促进了"研转产"效率的提高。人才流动没有溢出效应,仅能促进流入地效率的提高,对总效率的影响不显著。制度学习对本地效率造成负面影响,同时有负向的溢出效应,从整体上抑制了"研转产"的效率。一方面,科技进步是一个长期的过程。欠发达城市模仿发达城市大力支持科技创新,但短期内的收益不够明显,无法立即从科技项目中获利,会导致当期效率降低。另一方面,创新性城市的政府官员在"晋升锦标赛"的竞争压力下,为了提振本地经济,争相向科技成果转化项目投入了过多的资金。科技成果转化失败的风险和资金配置的不合理会造成创新资源的浪费,从而对"研转产"效率产生负面影响。

就协同创新总效率而言,资本流动具有溢出效应,促进整个创新网络效率的提高。人才流动对总效率没有显著影响。制度学习对本地和其他城市的协同创新效率都有抑制作用,对整个创新网络的效率产生了负面影响。根据协同创新两个阶段的结果,可以得出结论:协同创新总效率的影响机制是资本流动的溢出效应和创新的长期效应。

四 研究结论和政策启示

本文从"产学研"的角度构建了长江经济带城市内部的协同创新框架,将协同创新过程分为"学转研"和"研转产"两个阶段。以长江经济带36个创新型城市为研究对象,采用网络DEA模型对长江经济带城市内部的协同创新效率进行了测度。研究发现，2003—2017年长江经济带创新型城市的协同创新效率总体呈上升趋势。然后，探讨了产业结构、市场环境、FDI、基础设施、生活水平等因素对长江经济带城市内部协同创新各个阶段效率的影响。研究发现，产业结构和FDI对各阶段协同创新效率有显著的抑制作用，基础设施建设和生活水平改善则有助于"研转产"效率的提高。此外，基础设施还促进了长江经济带协同创新总效率的提高。

在城市内部协同创新框架的基础上，我们也从城市空间关联的角度构建了长江经济带城市之间的协同创新框架。首先，通过引力模型对长江经济带创新型城市网络的资本流动、人才流动和制度学习进行量化。其次，通过Moran'I指数，验证了长江经济带创新型城市之间"学转研""研转产"效率和总效率都存在空间相关性，从而满足了创新主体的假设。以长江经济带城市协同创新效率为因变量，以资本流动、人才流动和制度学习为自变量，通过空间计量模型对长江经济带城市之间协同创新的空间关联进行了检验。结果表明，资本流动、人才流动和制度学习在长江经济带协同创新的不同阶段对效率的影响不同。两个阶段中资本流动的溢出效应显著，促进了长江经济带创新网络的效率。人才流动抑制了"学转研"的效率，但在"研转产"阶段中，人才流动促进了人才流入地效率的提高。制度学习对"学转研"效率没有显著影响，但它却对"研转产"的效率产生了负面影响。

根据以上结论，我们可以为长江经济带创新型城市提出政策建议。从城市内部协同创新的角度看，在产业结构方面，创新型城市应调整产业结构，提升当地第三产业比重，保持第二产业比重在合理范围内。在国外因素方面，一方面，长江经济带创新型城市要支持创新主体积极参与国际合作。另一方面，要更加重视外资质量，建立严格的监督和控制体系。在生活水平方面，长江经济带创新型城市要注重发展过程中效率与公平的关系。应为当地创新人才提供有吸引力的报酬，以提高科技创新实践者的积极性。在基础设施方面，长江经济带创新型城市政府要加快科技创新平台的基础设施建设，向创新研发、技术转移和创业服务提供支持，以扶持本地及周边城市的创新发展。

从长江经济带城市之间协同创新的角度看，在资本方面，长江经济带创新型城市应更加注重资本的有效流通，以及对资本提供者的吸引力。这可以通过构建多元化的渠道融资体系来支持。在人力资源方面，地方政府要保障地方科技创新人才的医疗、教育、娱乐、养老等待遇，通过一系列旨在避免本地人才流失的机制，提高他们的工资福利水平。此外，长江经济带应制定相应的政策，以避免潜在的恶性人才竞争。

参考文献

白俊红、王林东：《创新驱动对中国地区经济差距的影响：收敛还是发散？》，《经济科学》2016年第2期。

白俊红、王林东：《创新驱动是否促进了经济增长质量的提升？》，《科学学研究》2016年第11期。

陈波：《论创新驱动的内涵特征与实现条件——以"中国梦"的实现为视角》，《复旦学报》（社会科学版）2014年第4期。

陈劲、张学文：《中国创新驱动发展与科技体制改革（2012—2017）》，《科学学研究》2018年第12期。

洪银兴：《论创新驱动经济发展战略》，《经济学家》2013年第1期。

黄菁菁：《产学研协同创新效率及其影响因素研究》，《软科学》2017年第5期。

刘春艳、王伟：《面向协同创新的产学研知识转移研究现状及展望》，《科技进步与对策》2014年第17期。

刘友金等：《产学研协同创新对地区创新效率的影响——以长江经济带11省市为例》，《经济地理》2017年第9期。

柳卸林等：《寻找创新驱动发展的新理论思维——基于新熊彼

特增长理论的思考》,《管理世界》2017年第12期。

吕薇等:《转型期我国创新发展的现状、问题及政策建议》,《中国软科学》2018年第3期。

王保乾、罗伟峰:《国家创新型城市创新效率评估——以长三角地区为例》,《城市问题》2018年第1期。

王志宝等:《区域协同创新研究进展与展望》,《软科学》2013年第1期。

魏江等:《创新驱动发展的总体格局、现实困境与政策走向》,《中国软科学》2015年第5期。

魏敏、李书昊:《新时代中国经济高质量发展水平的测度研究》,《数量经济技术经济研究》2018年第11期。

魏先彪:《基于创新链的国家创新型城市发展模式与评估研究》,博士学位论文,中国科学技术大学,2017年。

俞立平等:《中国地区科技效率的组合测度研究》,《科学学研究》2011年第8期。

LeSage, P. J. & Pace, R. K. , *Introduction to Spatial Econometrics*, New York: CRC Press, 2009.

Liu, G. , et al. , "Technological Innovation Systems and IT Industry Sustainability in China: A Case Study of Mobile System Innovation", *Telematics and Informatics*, Vol. 35, No. 5, 2018.

Sun, C. , et al. , "Estimating the Efficiency of Complex Marine Systems in China's Coastal Regions Using a Network Data Envelope Analysis Model", *Ocean & Coastal Management*, Vol. 139, 2017.

Wang, S. , et al. , "The Impact of Collaborative Innovation on Ecological Efficiency-Empirical Research Based on China's Regions", *Technology Analysis & Strategic Management*, Vol. 33, No. 2, 2020.

Wang, S. , et al. , "The Symbiosis of Scientific and Technological Innovation Efficiency and Economic Efficiency in China—An Analysis Based on Data Envelopment Analysis and Logistic Model", *Technology*

Analysis & Strategic Management, Vol. 31, No. 1, 2019.

Spatial Spillover Effect of Collaborative Innovation Efficiency in the Yangtze River Economic Belt

FAN Fei   LIU Puyu

Abstract: Based on the study of three screw theory and spatial correlation theory, build the Yangtze River economic belt cities internal framework of collaborative innovation and cooperative innovation between framework, and use the network DEA model, gravity model to measure and analysis of the Yangtze River economic belt 36 innovative cooperative innovation efficiency of the city. The results show that the efficiency of intra-city collaborative innovation in the Yangtze River Economic Belt shows an upward trend, and the efficiency of "research-to-production" is significantly higher than that of "learning-to-research". Among innovative cities in the Yangtze River Economic Belt, capital flows have obvious spillover effects, which promote the improvement of innovation network efficiency in the Yangtze River Economic Belt, while the long-term characteristics of institutional learning have a negative impact on collaborative innovation efficiency in the current period.

Key words: Yangtze River Economic Belt   Innovation-oriented city   Collaborative innovation efficiency   Collaborative innovation

（责任编辑：万庆）

长江流域产业经济研究

长江经济带制造业集聚的创新效应研究*

叶云岭**

摘　要：采用区位商测算长江经济带制造业集聚水平，利用改进的 DEA 模型测算长江经济带创新效率以表征创新水平。基于门槛回归模型实证检验 2008—2018 年长江经济带 108 个地级及以上城市制造业集聚对区域创新的影响作用。研究结果显示：①长江经济带上中下游地区城市创新效率呈现出在高低交错中逐年提高的趋势，下游地区城市创新效率高于中上游地区，且与中游、上游地区的差距不断增大；②长江经济带整体及中下游地区制造业集聚对区域创新表现为先抑制、后促进的双门槛特征，随着经济发展水平的进一步提升，制造业集聚对区域创新最终会表现为促进作用；③长江经济带上游地区的制造业集聚与区域创新水平之间表现为显著的单门槛特征，高于门槛值后表现为显著的促进作用。为进一步提升长江经济带区域创新水平，应进一步完善制造业创新体系、构建创新型企业梯次培育体系、加快长江经济带制造业新旧动能转换。

关键词：长江经济带　制造业集聚　区域创新　门槛效应

随着我国制造业更加深刻地参与世界制造业分工体系，制造业发展取得巨大成就，形成了门类齐全的制造业基础体系。2019 年，

---

*　基金项目：国家社会科学基金项目"推动长江经济带制造业高质量发展研究"（19BJL061）。

**　叶云岭，中国社会科学院工业经济研究所博士后。

我国制造业产值增加值达 269175 亿元，占全球制造业的 28%，连续 11 年稳居世界首位。与此同时，我国制造业创新水平显著提升，在一些制造业前沿领域正从跟跑转变为并跑和领跑阶段，一大批重大创新成果不断涌现。长江经济带制造业是我国制造业高质量发展的"排头兵"，在制造业领域涌现了一批具有国际影响力的重大创新成果。《长江经济带创新驱动产业转型升级方案》(2016) 提出要扭转制造业依然位于全球价值链中低端的现状，大幅攀升在全球价值链中的地位，这为长江经济带创新驱动制造业高质量发展指明了方向。然而，长江经济带在制造业创新发展方面也存在一些突出问题，在核心技术、关键工艺和重大技术装备等领域还存在较多"瓶颈"，自主创新能力较弱，缺乏重大原创性成果，技术依赖程度较高，核心技术受制于人（吴传清等，2020）。

长江经济带作为驱动新经济高质量发展的重要策源地，研发经费、新产品销售收入、发明专利数量占全国近一半的比重（吴传清等，2020）。理论上，制造业集聚可以通过规模经济效应、知识溢出效应等促进区域创新，也可能由于过分追逐经济利益、同质化恶性竞争而形成拥挤效应从而抑制区域创新。那么，长江经济带制造业集聚如何影响区域创新？是否存在非线性关系？并且，长江经济带横跨我国东部、中部、西部三大地区，区域经济发展水平差距较大。其中，长江经济带中上游地区自然资源丰富、劳动力充足，是长江经济带重要的初级产品制造业生产基地，而长江经济带下游地区经济外向程度比较高，相对于中上游地区对外界先进的思想、知识和技术的吸收能力较强（黄庆华等，2020）。相关研究表明，在不同经济水平下长江经济带制造业集聚对区域创新的影响也存在一定差异，那么，在不同的经济发展水平下，制造业集聚对于区域创新的影响可能存在门槛效应，门槛效应在长江经济带上中下游地区是否存在异质性？

鉴于此，本文利用 2007—2018 年长江经济带 108 个地级及以上城市面板数据探究长江经济带制造业集聚对区域创新的影响，采用门槛面板模型探讨在不同经济发展水平下，制造业集聚与区域创新的非线性关系，并分区域对回归结果进行探讨，以期为长江经济带创新驱动高质量发展提出政策建议。

一　文献综述

新经济地理学认为，产业集聚可以通过知识溢出效应、基础设施共享等发挥集聚正外部性形成规模报酬递增，为技术创新提供资金支持。关于产业集聚对区域创新的影响，可追溯至两大学派：一是 Marshall 专业化集聚对区域创新的影响。该学派认为，产业集聚对通过外部经济对区域创新产生影响，隐性创新知识技术会通过劳动力流动、知识交流以及蕴含信息的商品贸易进行传播，且由于专业化集聚是指同类型行业企业在地理空间的集中，相同类型的企业更容易模仿、学习和再创新，这种创新知识技术具有更好的适用性，从而产业集聚与知识溢出二者之间形成循环积累因果机制，在产业集聚水平提升的同时产生显著的知识溢出效应，进而推进整个区域创新水平提升（Arrow，1962；Romer，1986）。二是 Jacobs 多样化集聚对区域创新的影响。该学派认为，在地区经济发展过程中，产业集聚会由单一集聚转变为与其垂直水平关联产业的多样化集聚，由产业集聚产生的知识溢出效应不仅作用于产业内部，也会发生于不同产业共同集聚的过程中，不同产业之间知识技术的交流传播有助于知识技术在集聚区内碰撞融合进而产生创新，因此多样化集聚也有利于区域创新水平提升。现有文献对于制造业集聚和区域创新的研究成果较为丰富，但尚未达成统一定论，制造业集聚与区域创新之间的内生互动关系及相互作用机理还有待进一步探究（Beaudry，et al.，2009）。本文系统梳理制造业集聚影响区域创新的文献综述，探究二者之间的线性关系与非线性关系。

（一）制造业集聚与区域创新的线性关系

由于创新活动具有高风险、高回报、行业异质性、区域异质性等特征。产业集聚可以更好地发挥知识溢出效应，加快要素流动，形成"劳动力池"，降低创新风险，进而提升区域创新水平。由于制造业企业在特定区域的集聚，集聚效应所带来的学习机制有助于集聚区内的企业形成一套完整的知识传播体系和构建完整的知识链条，从而促进知识在集聚区内企业之间传播，从而提升产业创新优势（Pinch, et al., 2003）。产业集聚和创新要素集聚的地理空间分布具有一致性，地理距离是决定产业集聚对区域创新影响作用的主要因素（符淼，2009）。从集聚类型来看，多样化集聚能够促进区域创新，而专业化集聚对区域创新的影响并不显著（Feldman and Audertscht, 1999），专业化集聚甚至可能导致创新的"路径依赖"，反而对区域创新产生负面影响（鹿坪，2017）。

关于制造业集聚与区域创新的线性关系研究，学术界普遍认为，制造业集聚可以促进区域创新水平提升。Bagella（2002）研究发现，意大利制造业集聚水平提升可以有效提升区域创新水平。我国学者近年来研究发现，制造业集聚水平有助于提高区域创新水平（黄小勇等，2020）。制造业集聚对区域创新影响的作用机制主要基于知识溢出和规模经济，制造业集聚区为企业知识技术扩散提供平台，促进区域创新水平提升。然而，已有研究一般选取省份或地级市为研究尺度，对制造业集聚影响区域创新的微观机制探究分析较少，有待进一步将制造业集聚对区域创新的影响相关研究拓展至更小的行政单元和更细致的制造业细分行业，以期为探究提升制造业集聚水平从而促进区域创新的可行路径提供现实支撑。

（二）制造业集聚与区域创新的非线性关系

根据产业生命周期理论，在产业集聚的不同阶段会对区域创新水平产生不同的影响，产业集聚可能在某一阶段促进区域创新而在某一阶段抑制区域创新。随着产业集聚水平提升，企业通过研发投入而取得的创新技术与发明创造在集聚区内通过知识溢出得以推广, 集聚区内其他企业便会进行模仿, 从而降低企业创新意愿, 不利于区域创新水平提升 (Aghion, 2005)。有的学者研究发现, 制造业集聚与区域创新之间存在先抑制、后促进的 "U" 形曲线关系 (杜江等, 2017)。与上述观点相反, 有的学者研究发现制造业集聚与区域创新水平存在倒 "U" 形曲线关系, 即制造业集聚对区域创新作用为先促进、后抑制 (李沙沙等, 2018)。也有学者研究发现制造业集聚对区域创新可能存在门槛效应, 在达到门槛前, 制造业集聚对区域创新作用不显著, 只有当跨越一定门槛时, 制造业集聚才会对区域创新产生显著的积极影响 (姚战琪, 2020)。综上所述, 目前大部分研究认为, 制造业集聚有助于区域创新水平的提升, 但是制造业集聚与区域创新并非简单的线性关系, 二者之间可能存在复杂的非线性关系, 大多数学者将经济发展水平、研发投入、资本存量等作为门槛变量 (吴传清等, 2020), 即在发展的不同阶段, 制造业集聚对区域创新的影响方向也会不同。

二 评估方法

(一) 门槛面板回归模型

本文基于 Hansen (1999) 的门槛回归模型, 探究在不同经济发展水平下, 制造业集聚对区域创新是否会产生不同的影响。首先设定传统的单一门槛回归模型:

$$\ln IN_{it} = \alpha X_{it} + \beta_1 Man_{it} \times I(T_{it} \leq \delta) + \beta_2 Man_{it} \times I(T_{it} > \delta) + C + \varepsilon_{it} \quad (1)$$

式 (1) 中, $\ln IN_{it}$ 为第 i 个地区第 t 年的区域创新水平, X 为控制变量, Man_{it} 为核心解释变量长江经济带的制造业集聚水平, T 为门槛变量经济发展水平(人均 GDP), δ 代表门槛值, 而 X 代表控制变量, α 代表影响系数, β_1、β_2 依次代表 Man_{it} 于 $T_{it} \leq \delta$ 和 $T_{it} > \delta$ 情况下, 制造业集聚对区域创新的不同系数, C 为常数项, $\varepsilon_{it} \sim (0, \sigma)$ 为随机扰动项, I 为指示性函数, I 的取值即经济发展水平和括号之中的条件是否成立相关,若成立,则将其设定为1,如若不然,则设定为0。

式(2)仅假设存在一个门槛,但是有可能会存在多个门槛,为了分析更加准确,设定双重门槛模型及三重门槛模型。双重门槛检验和三重门槛检验的式如下,相应地,β_2 和 β_3 的意义类似于 β_1,三重门槛以上的多重门槛本文不再赘述:

$$\ln IN_{it} = \alpha X_{it} + \beta_1 Man_{it} \times I(T_{it} \leq \delta_1) + \beta_2 Man_{it} \times I(\delta_1 < T_{it} \leq \delta_2) + \beta_3 Man_{it} \times I(T_{it} > \delta_2) + C + \varepsilon_{it} \tag{2}$$

$$\ln IN_{it} = \alpha X_{it} + \beta_1 Man_{it} \times I(T_{it} \leq \delta_1) + \beta_2 Man_{it} \times I(\delta_1 < T_{it} \leq \delta_2) + \beta_3 Man_{it} \times I(\delta_2 < T_{it} \leq \delta_3) + \beta_4 Man_{it} \times I(T_{it} > \delta_3) + C + \varepsilon_{it} \tag{3}$$

(二) 研究变量选取

1. 被解释变量:区域创新(IN)

随着知识经济时代的到来,科技创新水平可在一定程度上代表区域整体的竞争力,而区域创新效率的高低又作为衡量某一区域创新水平与创新能力高低的重要指标之一(范斐等,2020)。计算方法如下:

如果假定存在 n 个数量的决策单元 $DMU_K(k=1, 2, \cdots, n)$,这些单元均含有 m 个数量的输入指标,与此同时,含有 s 个数量的输出指标,其输入以及输出向量依次为 $X_k = (x_{1k}, x_{2k}, \cdots, x_{mk})^T$、$Y_k = (y_{1k}, y_{2k}, \cdots, y_{sk})^T$。其中,$x_{ik}$、$y_{rk}$ 代表权重系数;C_m、B_s 代表判断矩阵;λ_m、λ_s 代表矩阵依次对应的特征值极大值。

基于现有的 DMU,引入 DMU 的最优值 DMU_{n+1} 以及最劣值 DMU_{n+2}。最优虚拟决策单元 DMU_{n+1} 主要选用了 n 个数量的 DMU 指标值极小值为输入,输出则选用极大值;而 DMU_{n+2} 则恰恰相反。改进后的 DEA 模型表示为式(4)。

$$\begin{cases} \min \sum_{r=1}^{s} u_r y_{r,\,n+2} \\ \text{s. t.} \sum_{i=1}^{m} v_i x_{i,\,n+2} = 1 \\ \sum_{r=1}^{s} u_r y_{r,\,n+1} - \sum_{i=1}^{m} v_i x_{i,\,n+1} = 0 \\ \sum_{r=1}^{s} u_r y_{rj} - \sum_{i=1}^{m} v_i x_{ij} \leqslant 0,\ j \neq n+1 \\ (C_m - \lambda_m E_m) v \geqslant 0 \\ (B_s - \lambda_s E_s) u \geqslant 0 \\ u_r \geqslant 0,\ r = 1, 2, \cdots, s \\ v_i \geqslant 0,\ i = 1, 2, \cdots, m \end{cases} \quad (4)$$

由上述模型求得公共权重 u_r^*、v_i^*，得到以下公式：

$$\theta_k^* = \frac{\sum_{i=1}^{s} u_r^* y_{rk}}{\sum_{i=1}^{m} v_i^* x_{ik}} \quad (5)$$

基于上述公式能够得到 DMU 的相对效率值，如果该数值相对较大，则系统能够达到的运行效率显著较高。在区域创新投入方面，科技人力、财力资源投入等对科技研发过程十分关键。科技人力资源具有主观能动性，技术服务工作者的具体数量可以较好地体现出某区域人才吸引能力。而财力资源为创新提供资金支持，有助于推进科技研发活动。在区域创新产出方面，发明专利申请数一定程度反映技术形态的科研成果，科技论文数表征知识形态的科研成果（罗良文等，2019）。利用上文所述研究方法及投入与产出指标测算城市创新效率。

2. 核心解释变量：制造业集聚水平（Man）

本文采用区位商法测算长江经济带制造业集聚水平，方法如下：

$$LQ = \frac{y_{ij} / \sum_i y_{ij}}{\sum_j y_{ij} / \sum_i \sum_j y_{ij}} \quad (6)$$

其中，y_{ij} 表示制造业单位从业人数，$\sum_i y_{ij}$ 表示年末单位从业人数，$\sum_i \sum_j y_{ij}$ 表示全国城镇单位从业人数，$\sum_j y_{ij}$ 表示全国制造业单位从业人数。

3. 控制变量：劳动生产率（Lab）

劳动生产力的提升有助于企业节约生产成本，将会有更多的资金用于研发投入，进而提升区域创新水平；开放水平（Open）的提高有助于本区域吸收来自国际的技术溢出进行模仿再创新；金融发展水平（Fin）的提升有助于创新型企业获得额外的资金支持，有助于企业自主创新能力的提升；交通基础设施（Tra）建设的完善会增加区域之间人才和商品的流动，加快知识和技术在不同区域之间的扩散；城镇化水平（City）的提升可以为创新活动提供更多的空间和要素保障（刘云强等，2018）。基于此，本文选取劳动生产率（Lab）、开放水平（Open）、金融发展水平（Fin）、交通基础设施（Tra）、城镇化水平（City）作为控制变量。

4. 门槛变量：经济发展水平（Eco）

将长江经济带 108 个地级及以上城市 2007—2018 年的人均 GDP 水平作为门槛变量 T_{it}，以 2007 年为基期进行平减。同时，稳定灯光数据（Light）作为区域经济发展水平的衡量指标，可以作为人均 GDP 的替代指标对模型进行稳健性检验。当前时期，DMSP/OLS 夜间灯光数据在人口估算、城市扩张监测等诸多方面均已获得广泛的实际应用。该数据可体现出人类活动，且能够反映经济集聚、企业集聚、人口流动等经济活动。

（三）数据来源

评估区域创新水平所涉及的检索科技论文数（篇）、检索科技论文合作数（篇）主要源于中国期刊全文数据库，检索三大专利申请数（件）主要源于《中国专利全文数据库（知网版）》，面板回归模型中的核心解释变量、控制变量等数据，都源于《中国城市统计年鉴》（2008—2019）、《中国统计年鉴》（2008—2019）以及相关城市所在省份的统计年鉴等。本文涉及的变量描述和数据来源详见表1。

表1 长江经济带制造业集聚创新效应的变量选取与数据来源

变量类型	指标选择	符号	指标描述	数据来源
被解释变量	区域创新	IN	创新效率	通过改进的DEA方法计算得出
核心解释变量	制造业集聚水平	Man	制造业在一定空间范围内的集聚水平	通过区位商的方法计算得出
门槛变量	经济发展水平	Eco	人均GDP	中国城市统计年鉴（2008—2019）
门槛变量	经济发展水平	Light	夜间灯光亮度均值	NOAA网站（https://ngdc.noaa.gov/eog/index.html）
控制变量	劳动生产率	Lab	GDP/就业人数	EPS数据库 中国城市统计年鉴（2008—2019）
控制变量	开放水平	Open	外商投资金额占GDP的比重	
控制变量	金融发展水平	Fin	年末金融机构贷款余额占GDP的比重	
控制变量	交通基础设施	Tra	城市道路面积、公路货运量加权所得	
控制变量	城镇化水平	City	城市人口占总人口的比重	

资料来源：笔者根据相关资料整理。

三 评估结果分析

（一）长江经济带城市创新效率的时空分异特征

本文以创新效率表征区域创新水平，采用改进的DEA模型测算城市创新效率，结果表明，长江经济带城市创新效率呈逐年上升态势，城市创新效率平均值由 2007 年的 0.072 提高到 2018 年的 0.109。从长江经济带不同区域来看，下游地区创新效率平均值要远远高于中上游地区。究其原因，下游地区城市正处于工业化后期，经济发展基础较为雄厚，其创新氛围更为浓厚，创新资源吸附能力较强，且能够更好地发挥乘数效应，带动下游地区城市创新产出与投入保持同步快速增长，促进区域创新水平提升。中游和下游地区城市创新效率平均值低于长江经济带平均值，可能的原因在于长江经济带中上游地区创新创业环境有待优化，创新人才培养力度不足，城市创新投入低与创新产出低并存，大量人才和创新资源不断向其他地区转移，甚至出现一些收缩型城市，因此区域创新水平较低（叶云岭等，2020）。当前长江经济带整体创新效率提升主要依靠下游地区拉动，虽然中游地区和上游地区对创新发展的重视程度大大提高，创新投入近年来大幅提升，但受制于体制机制壁垒等局限，创新效率依然与下游地区相比存在巨大差距。

  研究期内，下游地区城市创新效率增速最快，中游地区城市创新效率提升最慢。下游地区城市创新资源管理水平较高，创新资源配置较优，创新实力较强，创新驱动在经济转型发展中的作用不断凸显，大力发展高附加值的先进制造业与高技术产业，创新效率增速最快。上游地区受制于其较为薄弱的经济基础，创新发展的人力资本和资金投入较低，但近年明确产业定位和发挥比较优势，创新投入和产出比例改善显著，创新驱动发展能力有所提高，因此下游地区城市创新效率提升速度相对较快。而中游地区城市创新资源配置效率较低，传统制造业比重较高，尚未废除冗杂的体制机制壁垒、无法形成有效的协同创新机制，科技创新资源仍处于相对分散的状态，难以形成协同创新合力，导致其创新效率提升缓慢。总体而言，虽然长江经济带整体创新水平较高，但沿线地区创新水平差距明显，研发投入分化现象严重，创新要素大多流向下游地区，中上游地区创新发展动力不足，导致一些地区陷入创新空洞化不利境地。关键核心技术研发载体数量不多，且大多分布于下游地区，上游和中游地区分布较少，这些平台载体虽然在提升交叉前沿领域的源头创新水平和科技综合实力方面发挥了一定的前沿引领作用，但创新成果的共享共建机制还有待完善（吴传清等，2020）。

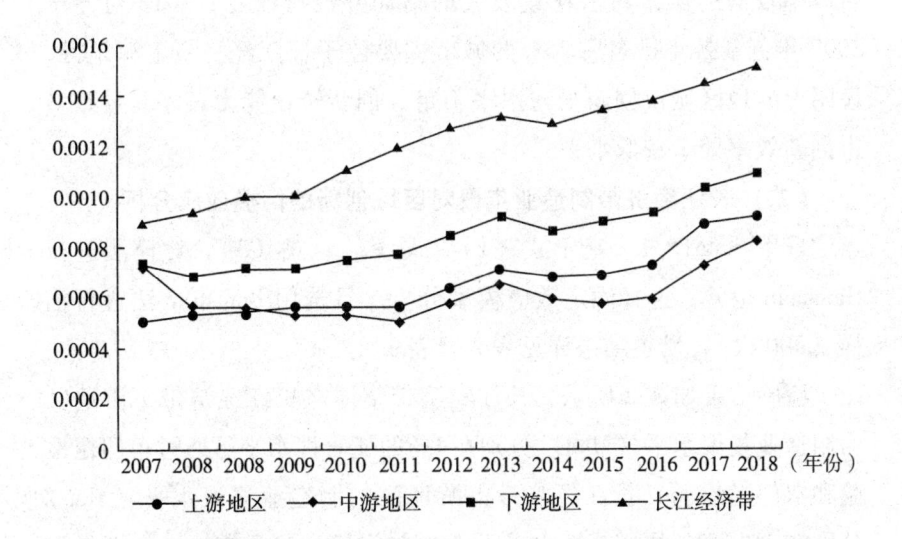

图1　2007—2018年长江经济带及上中下游地区创新效率平均值变化趋势

资料来源：根据测算结果整理。

长江经济带沿线城市创新效率分布不均，呈现为上中下游地区依次递增的分布格局。其中，上海、重庆、成都分别以0.98、0.61、0.49的创新效率居于长江经济带创新效率前3位，苏州、南京、武汉、杭州、宁波、长沙、合肥创新效率较高。2018年与2007年相比，上海一直保持首位，合肥创新效率提升最快，成都、重庆、宁波提升较快。值得关注的是，2018年城市创新效率排名前25%的城市几乎涵盖长江经济带所有的省会城市以及长江经济带下游地区城市，其创新效率远高于周围其他城市，且基本位于长三角城市群、长江中游城市群、成渝地区双城经济圈。与2007年相比，2018年长江经济带创新效率前25%的城市分散的区域更为广泛，从长江经济带下游地区不断延伸至中上游地区，创新效率排名在长江经济带分布不均匀的状况得到一定程度的改善；2018 年长江经济带创新效率排名位于 25%—75% 的城市大多位于中游地区，虽然与 2007 年相比城市经济创新效率都有了不同程度的提高，但是城市创新效率较低的城市所占比重较大的格局并没有改变，2018 对比于 2007 年创新效率排名后 25% 的城市主要位于长江经济带上游地区，说明上游地区城市创新投入水平不足、创新转化能力较差，导致城市创新效率处于较低水平。

（二）长江经济带制造业集聚对区域创新的门槛效应分析

采用 Stata15.1，基于式（1）、式（2）、式（3），对模型进行 Hausman 检验，选择固定效应模型分析，且选用 Bootstrap 法进行抽样（300 次），所得结果详见表 2 至表 3。

检验结果如表 2 所示，长江经济带整体与长江经济带下游地区的制造业集聚水平（Man）分别在 1% 的显著性水平下通过单门槛检验和双门槛检验；长江经济带上游地区的制造业集聚水平（Man）分别在 1%、5% 的显著性水平下通过单门槛和双门槛检验，而长江经济带上游地区的制造业集聚水平（Man）只在 1% 的显著性水平下通过单门槛检验。因此，本文对长江经济带上游地区制造业集聚水平采用单门槛检验，而长江经济带整体以及中下游地区的制造业集聚水平采用双门槛检验。这是由于长江经济带整体以及中下游地区的制造业集聚水平（Man）的单门槛和双门槛都显著，长江经济带上游地区的制造业集聚水平（Man）的单门槛显著性最高。

表 2   长江经济带制造业集聚创新效应的门槛效应检验

区域	长江经济带	上游地区	中游地区	下游地区
单门槛检验	106.42*** (0.000)	12.495*** (0.010)	54.795*** (0.003)	115.504*** (0.000)
双门槛检验	87.96*** (0.003)	9.185 (0.180)	60.647** (0.030)	24.425*** (0.000)

续表

区域	长江经济带	上游地区	中游地区	下游地区
三门槛检验	86.96 (0.340)	0.000 (0.840)	-102.801 (0.109)	0.000 (0.105)

注：以上数据为门槛检验得到的 F 统计量，***、** 依次代表在 1%、5% 的水平下显著，而括号中为 P 值。

资料来源：笔者根据测算结果整理。

表3　长江经济带制造业集聚创新效应的门槛值估计

区域	门槛估计值1	95%置信区间	门槛估计值2	95%置信区间
长江经济带	9.590	[9.560, 9.672]	11.218	[10.640, 11.423]
上游地区	11.247	[9.111, 11.252]		
中游地区	9.552	[9.546, 9.552]	9.596	[9.596, 9.687]
下游地区	10.035	[9.747, 11.813]	11.394	[11.283, 11.481]

资料来源：笔者根据测算结果整理。

从长江经济带整体的回归结果来看，制造业集聚对城市创新水平具有显著的双门槛特征。当人均 GDP 的对数值在 9.590 以下时，沿线城市的制造业集聚水平对创新水平的弹性系数为 0.085，呈现显著的正向相关关系；当跨过这一门槛之后，弹性系数变为 -0.080，制造业集聚对城市创新水平呈现显著的负向相关关系。当人均 GDP 的对数值跨越第二个门槛值 11.218 之后，弹性系数变为 0.020，制造业集聚水平对沿线城市创新水平呈现正向相关关系。假说 3 得到验证。究其原因，在城市工业化发展初期，为追求经济效益，大量以劳动密集型和资源密集型为主的传统制造业快速集聚发展，在规模不断扩大的同时加快人才、资金等创新资源向集聚区汇聚，为城市创新活动提供一定的要素保障。当城市经济发展水平提高时，制造业集聚的负外部性开始逐渐显现，集聚区内"环境拥挤"现象日益凸显。对于要素密集型制造业而言，制造业集聚程度提高意味着劳动力、生产要素等价格上涨，增加了企业生产成本进而减少企业研发投入,从而降低城市创新水平。工业化进程也是技术水平不断提高的过程,制造业企业不断集聚,集聚区内的企业相互之间竞争日益激烈。企业为保持竞争优势而不断进行一轮又一轮的技术创新活动,从而促进城市创新水平提升。通过观察样本,2007—2018年高于第二门槛值的城市数量由2个上升至35个,这表明伴随着城市经济发展水平提升与工业化进程推进,更多城市制造业集聚的正向创新效应不断显现,制造业集聚对区域创新水平提升的作用日益凸显。

制造业集聚对长江经济带上游地区城市创新水平存在显著的单门槛特征。当人均GDP的对数值在11.274以下时,制造业集聚对城市创新作用不显著;但是,随着人均GDP的对数值提高至门槛值以上时,制造业集聚对城市创新水平的弹性系数变为0.029,呈现出显著的正向相关关系。通过观察样本可以发现,2018年长江经济带上游地区只有成都、重庆、贵阳、昆明的制造业集聚对城市创新水平具有正向促进作用,表明长江经济带上游地区仍需要进一步提高经济发展水平,加快制造业的集聚尤其是高技术制造业集聚,以更好地发挥制造业集聚的创新效应。从长江经济带中游地区来看,制造业集聚水平对城市创新水平的影响具有显著的双门槛特征。当城市人均GDP对数值低于9.552时,制造业集聚对城市创新水平的弹性系数为0.022;当人均GDP对数值高于9.552后,制造业集聚对城市创新水平影响并不显著;跨越第二门槛9.596后,制造业集聚对城市创新水平的弹性系数为0.113,弹性系数有所上升,表明这一阶段制造业集聚显著对城市创新水平产生积极影响。且中游地区的第二门槛值与第一门槛值较为接近,表明绝大多数位于长江经济带中游地区的城市制造业集聚水平提升对创新水平都具有显著的促进作用。从长江经济带下游地区来看,制造业集聚水平对城市创新水平的影响具有显著的双门槛特征。当城市人均GDP对数值在10.035以下时,制造业集聚水平对城市创新水平影响并不显著;超出这一门槛值后,制造业集聚水平对城市创新水平的弹性系数为

0.016；当人均 GDP 的对数值跨越第二门槛 11.394 后，制造业集聚水平对城市创新水平的弹性系数为 0.008，虽然下降 0.008，但依然表现为正向作用。

（三）长江经济带制造业集聚对区域创新门槛效应的稳健性检验

采用夜间灯光数据（Light）作为门槛变量进行稳健性检验。通过式（1）至式（3），利用 stata15.1 软件，基于上文方法，结果如表 4—表 7 所示。

表 4　长江经济带制造业集聚创新效应的双门槛模型参数估计

变量	长江经济带	上游地区	中游地区	下游地区
Lab	0.013***	-0.014**	0.005	-0.013**
	(0.003)	(0.007)	(0.008)	(0.005)
$Open$	0.042**	0.403***	0.105***	0.283***
	(0.021)	(7.800)	(0.037)	(0.025)
Fin	0.016***	0.021***	0.072*	0.074***
	(0.003)	(0.004)	(0.006)	(0.005)
$\ln Tra$	-0.002	-0.002	-0.008**	-0.014***
	(0.002)	(0.003)	(0.004)	(0.003)
$City$	-0.001	-0.009	0.002***	0.006**
	(0.002)	(0.007)	(0.000)	(0.003)
$Man \cdot I\ (T_{it}<\delta 1)$	0.085**	0.002	0.022**	0.016
	(0.037)	(0.006)	(0.011)	(0.011)
$Man \cdot I$ $(\delta 1<T_{it}<\delta 2)$	-0.080***	0.029**	0.003	0.016***
	(0.013)	(0.011)	(0.007)	(0.006)
$Man \cdot I\ (T_{it}>\delta 3)$	0.020***		0.113***	0.008**
	(0.004)		(0.011)	(0.004)
Constant	-0.170***	-0.215***	-0.774***	-0.807***
	(0.039)	(0.054)	(0.068)	(0.059)
Adj R^2	0.760	0.854	0.627	0.891
Obs	1296	372	432	492

注：以上数据为门槛检验得到的 F 统计量，***、**、* 依次代表在 1%、5%、10% 的水平下显著，而括号中代表标准误。

资料来源：笔者根据测算结果整理。

如表4所示，长江经济带下游地区的制造业集聚水平（Man）分别在1%的显著性水平下通过单门槛检验和双门槛检验；长江经济带整体的制造业集聚水平（Man）分别在1%、5%的显著性水平下通过单门槛和双门槛检验；长江经济带中游地区的制造业集聚水平（Man）分别在10%、1%的显著性水平下通过单门槛和双门槛检验；而长江经济带上游地区的制造业集聚水平（Man）只在1%的显著性水平下通过单门槛检验。因此，本文对长江经济带上游地区制造业集聚水平采用单门槛检验，而长江经济带整体以及中下游地区的制造业集聚水平采用双门槛检验。这与上文采用人均GDP作为门槛变量得到的结论一致。

根据表7，无论是长江经济带整体还是分区域回归，制造业集聚水平对城市创新水平的影响方向都与门槛变量保持一致，因此，前文的回归结果具有较强的稳健性。

表5　长江经济带制造业集聚创新效应门槛回归的稳健性检验

区域	长江经济带	上游地区	中游地区	下游地区
单门槛检验	194.48***	21.797***	21.369*	124.160***
	(0.000)	(0.007)	(0.053)	(0.003)
双门槛检验	73.23**	14.704	74.929***	65.536***
	(0.046)	(0.153)	(0.000)	(0.000)
三门槛检验	23.18	0.000	11.750	0.000
	(0.340)	(0.173)	(0.473)	(0.197)

注：以上数据为门槛检验得到的F统计量，***、**、*依次代表在1%、5%、10%的水平下显著，而括号中是P值。

资料来源：笔者根据测算结果整理。

表6　长江经济带制造业集聚创新效应门槛值估计的稳健性检验

区域	门槛估计值1	95%置信区间	门槛估计值2	95%置信区间
长江经济带	15.770	[15.763, 15.775]	18.214	[18.188, 18.259]
上游地区	15.320	[15.320, 18.215]		

长江经济带制造业集聚的创新效应研究　　　　　　　　　73

续表

区域	门槛估计值1	95%置信区间	门槛估计值2	95%置信区间
中游地区	15.725	[15.672, 15.725]	15.770	[15.770, 15.794]
下游地区	17.556	[17.423, 15.560]	18.222	[18.165, 18.222]

资料来源：笔者根据测算结果整理。

表7　　　　长江经济带制造业集聚创新效应
双门槛模型参数估计的稳健性检验

变量	长江经济带	上游地区	中游地区	下游地区
Lab	0.014*** (0.03)	-0.015* (0.007)	-0.006 (0.006)	-0.080 (0.136)
$Open$	0.019** (0.008)	0.403*** (0.051)	-0.003 (0.036)	0.105*** (0.026)
Fin	0.010*** (0.003)	0.021*** (0.004)	0.032*** (0.006)	0.051*** (0.004)
$\ln Tra$	-0.001 (0.002)	-0.002 (0.003)	-0.002 (0.003)	-0.012*** (0.003)
$City$	-0.002 (0.002)	-0.007 (0.007)	0.006** (0.003)	0.006*** (0.002)
$Man \cdot I\ (Tit<\delta1)$	0.031*** (0.006)	0.002 (0.006)	0.005 (0.006)	0.002 (0.005)
$Man \cdot I\ (\delta1<Tit<\delta2)$	-0.011*** (0.003)	0.029*** (0.010)	0.029*** (0.010)	0.013** (0.006)
$Man \cdot I\ (Tit>\delta3)$	0.039*** (0.004)		0.033*** (0.006)	0.056*** (0.007)
Constant	-0.104*** (0.039)	-0.215*** (0.054)	-0.320*** (0.072)	-0.501*** (0.056)
Adj R^2	0.832	0.854	0.851	0.860
Obs	1296	372	432	492

注：以上数据为门槛检验得到的F统计量，***、**、*依次代表在1%、5%、10%的水平下显著，而括号中为标准误。

资料来源：笔者根据测算结果整理。

四 研究结论及政策建议

（一）研究结论

本文以创新效率表征区域创新水平，利用改进的 DEA 模型测定长江经济带 2007—2018 年 108 个地级及以上城市创新效率，基于门槛面板回归模型探究在不同经济发展水平下长江经济带制造业集聚对区域创新的门槛效应。相关研究结论可归纳为：

（1）从改进的 DEA 模型测算结果来看，长江经济带上中下游地区城市创新效率呈现出在高低交错中逐年提高的趋势，且存在较为明显的空间分异现象。长江经济带下游地区城市创新效率高于中上游地区，且与中游、上游地区的差距不断增大。2018 年，处于创新效率排名前 25% 的城市大多位于长江经济带下游地区，与 2007 年相比，2018 年长江经济带创新效率前 25% 的城市分布区域更为广泛，从下游地区不断延伸至中上游地区。从创新效率提升速度来看，下游地区城市创新效率的提升速度最快，其次是上游地区，中游地区城市创新效率提升速度最慢。

（2）在不同经济发展水平下，长江经济带制造业集聚与区域创新存在显著的双门槛特征。制造业集聚水平的提升对区域创新水平首先表现为促进作用，而随着经济发展水平超过第一门槛值 9.590 之后，制造业集聚水平的提升会对区域创新水平表现为抑制作用，当经济发展水平进一步提高，超过第二门槛值 11.218 之后，制造业集聚会对区域创新水平表现为促进作用。由此可见，随着经济发展水平的进一步提升，制造业集聚最终会对区域创新表现为促增作用。

（3）从上中下游地区回归结果来看，长江经济带中下游地区与整体回归结果一致，制造业集聚对区域创新存在先抑制、后促进的双门槛特征；而制造业集聚对长江经济带上游地区城市创新水平存在显著的单门槛特征。只有人均 GDP 的对数值高于 11.274，制造业集聚对城市创新水平呈现出显著的正向相关关系。上游地区的门槛值最高，中游地区的门槛值最低，但整体而言，随着经济发展水平的不断提升，长期来看制造业集聚水平的提升会对区域创新表现为促增作用。

（二）政策建议

（1）进一步完善制造业创新体系。长江经济带作为国家建设制造强国的主战场，要着力解决长江经济带在制造业前沿领域关键共性技术供给不足的问题，以上海、南京、杭州、合肥、武汉、重庆、成都为关键节点城市，大力突破制造业核心技术与重大技术装备"瓶颈"，着力提升制造业创新水平，增强长江经济带制造业高质量发展的核心竞争力。加强产业链、创新链、资金链、人才链、政策链"五链统筹"，不断完善长江经济带制造业创新体系。健全以企业为主导的产学研用的协同创新体系，发挥制造业企业技术创新主体作用，支持企业联合高校、科研院所联合组建重点实验室、技术中心、产学研合作办公室等研发机构和创新平台，形成创新联合体。针对技术识别能力强、转化能力强的大企业与高新技术企业，支持建设自主可控的研发平台、产学研合作平台，创新科研成果共享机制，促进制造业企业和其他研究机构共同培育科技成果转化平台，加强平台技术研发合作和创新成果共享。加大资金投入支持制造业自主创新研发力度，提升创新资金使用效益，围绕产业链上下游和创新链不同环节主体，合理布局资金链条。围绕科技创新的关键领域，建设一批人工智能、集成电路、新能源汽车、生物医药等相关产业的国家级、省级制造业创新中心，培育一批创新水平较强的先进制造业集群。

（2）构建创新型企业梯次培育体系。增强制造业企业和核心技术人员的创新激励，以实施科技创新项目和创新工程为抓手提升制造业企业创新能力，推动形成不同规模的企业协同创新，共享产能、供应链等集群化发展的制造业创新型企业发展新业态。支持上海汽车集团、恒力集团、宝武钢铁集团、浙江吉利控股集团、青山控股集团、江苏沙钢集团、安徽海螺集团等头部企业保持创新优势，加强龙头骨干企业培育，重点围绕产业链完备、生产规模较大的制造业企业，实施一批龙头骨干企业重大技术改造项目，鼓励企业实施兼并重组，联合开展关键核心技术攻关，发展一批自主研发投入高、创新能力强、掌握核心关键技术、主业方向明确的头部企业。实施小微企业、小巨人企业、高成长企业培育计划，建立"专精特新"小巨人企业培育库，支持创新基础好、发展动能较大的制造业企业关注制造领域的新技术、新模式、新经验，积极向高技术企业靠拢。推进龙头企业和中小企业对接，打通供应链协作配套操作链，优化制造业产业链生态建设，完善世界级先进制造业集群配套设施。

（3）加快制造业新旧动能转换。在制造业数字化转型发展方面，依托长江经济带大数据、云计算、物联网、人工智能、区块链等新技术优势，实施制造业数字化转型计划，推进中小企业数字化赋能行动，促进新一代信息技术与制造业深度融合，开展制造业智能工厂的集成创新与应用示范，努力实现企业在研发、生产、经营、营销等多个方面的智能化全链条发展模式。在制造业服务化转型发展方面，加快制造业向"制造+服务"转型，提高先进制造业与现代服务业融合发展水平，增加服务要素在制造业投入产出中的比重，有针对性地培育新型智能产品、个性化定制、网络化协同等产品经济模式，支持制造业产品在不同平台个性化营销，利用大数据、人工智能等新技术共享信息，推动制造业企业间的共享经济。同时，要抓好落后产能淘汰，倒逼技术落后、污染严重的制造业企业关闭停产或改造升级。

参考文献

杜江等：《产业集聚对区域技术创新影响的双重特征分析》，《软科学》2017 年第 11 期。

范斐等：《区域协同创新对创新绩效的影响机制研究》，《地理科学》2020年第2期。

符淼：《地理距离和技术外溢效应——对技术和经济集聚现象的空间计量学解释》，《经济学》（季刊）2009年第4期。

黄庆华等：《产业集聚与经济高质量发展：长江经济带107个地级市例证》，《改革》2020年第1期。

黄小勇、刘斌斌：《FDI方式选择及其对中国绿色技术创新的影响——基于采掘业数据的经验分析》，《宏观经济研究》2020年第7期。

李沙沙、尤文龙：《产业集聚能否促进制造业企业创新？》，《财经问题研究》2018年第4期。

刘云强等：《绿色技术创新、产业集聚与生态效率——以长江经济带城市群为例》，《长江流域资源与环境》2018年第11期。

鹿坪：《产业集聚能提高地区全要素生产率吗？——基于空间计量的实证分析》，《上海经济研究》2017年第7期。

罗良文、赵凡：《工业布局优化与长江经济带高质量发展：基于区域间产业转移视角》，《改革》2019年第2期。

吴传清等：《长江经济带产业发展报告（2020）》，社会科学文献出版社2020年版。

吴传清等：《长江经济带创新驱动与绿色转型发展研究》，社会科学文献出版社2020年版。

吴传清等：《长江经济带高质量发展研究报告（2020）》，中国社会科学出版社2020年版。

吴传清等：《长江经济带工业发展研究》，社会科学文献出版社2020年版。

姚战琪：《产业集聚对我国区域创新影响的门槛效应研究》，《学术论坛》2020年第3期。

叶云岭、吴传清：《中国收缩型城市的识别与治理研究》，《学习与实践》2020年第5期。

原毅军、谢荣辉:《产业集聚、技术创新与环境污染的内在联系》,《科学学研究》2015年第9期。

Aghion, P., et al., "Competition and Innovation: An Inverted U Relationship", *Quarterly Journal of Economics*, Vol. 20, No. 2, 2005.

Arrow, K. J., "The Economic Implications of Learning by Doing", *Review of Economic Studies*, Vol. 29, No. 3, 1962.

Bagella, M., Becchetti, L., "Geographical Agglomeration - private R&D Expenditure Effect: Empirical Evidence on Italian Data", *Economics of Innovation and New Technology*, Vol. 11, No. 3, 2002.

Beaudry, C., Schiffauerova, A., "Who's Right, Marshall or Jacobs? The Localization Versus Urbanization Debate", *Research Policy*, Vol. 38, No. 2, 2009.

Feldman, M. P., Audretsch, D. B., "Innovation in Cities", *European Economic Review*, Vol. 43, No. 2, 1999.

Hansen, B. E., "Threshold Effects in Non-dynamic Panels: Estimation Testing and Inference", *Journal of Econometrics*, Vol. 93, No. 2, 1999.

Pinch, S., et al., "From 'Industrial Districts' to Knowledge Clusters': A Model of Knowledge Dissemination and Competitive Advantage in Agglomeration", *Journal of Economic Geography*, Vol. 3, No. 2, 2003.

Romer, P. M., "Increasing Returns and Long-run Growth", *Journal of Political Economy*, Vol. 94, No. 5, 1986.

The Innovation Effect of Manufacturing Agglomeration in Yangtze River Economic Belt

YE Yunling

Abstract: This paper uses location quotient to measure the level of manufacturing agglomeration in the Yangtze River economic belt, and uses the improved DEA model to calculate the innovation efficiency to represent the level of regional innovation. Based on the threshold regression model, this paper empirically tests the impact of manufacturing agglomeration on regional innovation in 108 cities in Yangtze River economic belt from 2008 to 2018. The results show that: (1) The urban innovation efficiency in the upper, middle and lower reaches of the Yangtze River economic belt is increasing year by year, which in the lower reaches of the Yangtze River economic belt is higher than that in the middle and upper reaches, and the gap between the middle and upper reaches is increasing. (2) The overall, middle and lower reaches of the Yangtze River economic belt show the dual threshold characteristics of first inhibition and then promotion. With the further improvement of economic development, manufacturing agglomeration will eventually promote regional innovation. (3) The relationship between manufacturing agglomeration and regional innovation in the lower reaches of the Yangtze River economic belt is characterized by a significant single threshold. When it is higher than the threshold value, it has a significant promoting effect. In order to further improve the regional innovation level of the Yangtze River economic belt, we should improve the innovation system of manufacturing industry, build the echelon cultivation system of innovative enterprises, and speed up the transformation of new and old kinetic energy of manufacturing industry in the Yangtze River economic belt.

Key words: Yangtze River Economic Belt　Manufacturing agglomeration　Regional innovation　Threshold effect

（责任编辑：范斐）

长江沿江化工产业转型升级发展的"宜昌样本"研究[*]

李姝凡 黄 成[**]

摘 要：宜昌是长江"化工围江"的典型地区，在破解"化工围江"实践中，宜昌引导化工企业关、改、搬、转，以压倒性力度推进化工产业转型升级发展，取得显著成效。本文在分析化工产业转型升级的理论内涵与实践路径基础上，以宜昌市为样本重点分析推动沿江化工产业转型升级的有效路径。研究表明，化工产业转型升级必须遵循产业发展规律和新发展理念，从宏观、中观、微观三个层面推动产业转型升级；宜昌市化工产业处于转型升级发展阶段，在2017年经历产业萎缩后成功走出阵痛；政府引导、园区推动、企业践行是宜昌市有效推动化工产业转型升级的有益探索。"宜昌样本"的实践启示：一是应遵循产业发展特点和规律，因地制宜推动化工产业转型升级；二是要积极推进企业入园，优化产业空间布局，推动化工产业协同集聚发展；三是应精准施策，分时分段逐步完成企业"关改搬转"工作，鼓励企业因势利导践行新发展理念。

关键词：长江经济带 化工产业 转型升级 宜昌样本

---

[*] 基金项目：国家社会科学基金一般项目"推动长江经济带制造业高质量发展研究"（19BJL061）。

[**] 李姝凡，武汉大学经济与管理学院硕士；黄成，清华大学社会科学学院经济学研究所博士后。

一 引言

　　化工产业既是工业的重要组成部分，也是工农业生产和国防高新技术材料生产的重要原料来源。长江沿岸布局了大量化工企业，承载了中国工业化和现代化历史使命，但却给"长江大保护"埋下了巨大生态隐患。2018 年 4 月 24 日，习近平总书记考察位于湖北宜昌的全国最大精细磷化工企业兴发集团时强调，"要保护好中华民族的母亲河，不能搞破坏性开发，通过立规矩，倒逼产业转型升级"。2018 年 4 月 26 日，习近平总书记在武汉召开深入推动长江经济带发展座谈会上指出"长江沿岸'化工围江'问题突出，特别是磷化工污染问题，整个产业链条都成为长江污染隐忧"，并以宜昌为例，肯定宜昌在治理"化工围江"和推动产业升级中的工作成绩。宜昌自 2016 年以来推动化工污染专项整治，倒逼产业转型，着力解决"化工围江"难题，至今已取得显著成效，成为长江沿江化工产业转型升级发展的样板，因此以宜昌为样本探索长江沿江化工产业转型升级发展具有重要的现实意义。

　　学术界大多采用案例分析法研究化工产业转型升级，聚焦于两大维度：一是化工产业园建设，二是化工产业链建设。从化工产业园建设来看，日本、韩国、美国、德国化工产业园建设较早，具有丰富的化工产业园建设经验。其中，以市场为导向形成的德国化工园区拥有完善的法律体系、严格的入园审批制度、以志愿者为主力的救援体系以及以工伤保险为主的调节杠杆；以政府为导向的韩国蔚山化工园区遵循先发展后治理的思路，从自发演化到系统共生，最后将蔚山市建成生态工业之都。从产业链建设维度看，要实现化工产业转型升级，必须推动产业链绿色化、精细化、高端化发展（胡迁林，2016；唐楠等，2018；潘凡峰等，2018；郭志鹏等，2020；王伟，2020）。此外，关于制造业转型升级的研究表明，政府行为对制造业转型升级起着举足轻重的作用，如环境规制、创新政策、税收政策等（王玮等，2020；甘行琼，2020；袁航，2020）。

长江沿线化工企业的空间分布也是各界关注的焦点问题。长江经济带化工产业分布较为分散（周冯琦等，2016），且因其产品、原料运输量大的特点，多为沿江分布，如上海市和江苏沿江地区（邹辉等，2019）。部分学者的研究进一步表明，长三角地区化工企业总体上呈"西北—东南"方向的分布特征（纪学朋等，2020）。

综观已有研究，学术界大多采用案例分析法研究化工产业转型升级问题，研究尺度主要聚焦于省级层面和园区层面，较少从市级层面展开研究。宜昌市是习近平总书记高度肯定的化工产业转型升级典范城市，通过研究宜昌样本为长江沿江化工产业转型升级提供新思路。本文的安排如下：首先，剖析化工产业转型升级发展的内涵与要求；其次，分析宜昌市化工产业发展的历史沿革与现状，继而归纳宜昌推动化工产业转型升级的实践经验；最后，总结主要结论，提出具有针对性的政策建议。

二 化工产业转型升级发展的理论分析

推动化工产业转型升级既要贯彻落实新发展理念的要求，也应遵循产业发展规律，因地制宜制定产业发展政策。

（一）化工产业的行业特点

从生产过程来看，化工产业主要包括以下特点：①高成本投入。化工产业的发展依赖于新技术的开发程度，科研开发、引进技术及专利需要大量经费投入。②连续化生产。现代化企业生产过程具有高度连续性，此过程需要大量机械化、自动化的生产装置，同时需要完备的控制系统保证产品的生产质量。③多样化生产。综合性强的化工产业具有多原料、多样化生产方式、多品种产品的特征，生产过程中存在不同形式的横向与纵向联系，同样生产线与设备变换不同原料可生产出不同产品。④高能源消耗。化工产品生产多以煤、石油为燃料，能源消耗巨大，排放大量的废水、废气、固废等副产品造成环境污染。⑤高安全风险。化工产品生产过程具有易燃、易爆、易中毒等特点。

从商业模式来看，化工产业的特点包括：①技术保密。化工企业采用先进的生产技术，以此作为提高国内及国际市场份额的手段，获取更大利润。②重视市场。化工产品寿命不仅取决于其质量和性能，还取决于对市场需求变化的适应能力。

（二）化工产业转型升级的理论内涵

学术界主要从生产环节和价值链两个视角阐述产业转型升级的要义。从生产环节上看，产业转型升级是同一产业内生产活动向更加先进的产品或者生产环节靠拢的过程；从价值链视角上看，产业转型升级是将生产资源从原有产业向附加值更高的新产业转移的过程。本文认为，产业转型升级可以分为产业结构转型与技术升级。其中，产业结构转型表现为各种生产要素在产业内或跨产业的优化再配置；技术升级则是产业结构转型的根本动力，内化在产业结构转型的各个环节。根据化工产业的发展特性和新发展理念要求，化工产业转型升级也应包含产业结构转型和技术升级两方面。

化工产业的结构转型在宏观层面主要表现为产业的高端化、精细化、绿色化发展。化工产业高端化发展有两层含义：一是在原有化工产业链基础上淘汰和化解落后过剩产能，重组企业资源，优化技术、产品结构；二是推进产业链向高端延伸，通过改善传统工艺或者设备，促进初级产品深加工，制成高端产品。化工产业精细化是指生产有特定功能的高技术密度、高附加值、高纯度的化工产品。化工产业绿色化包括清洁生产、节能减排等内容。化工产业的结构转型在中观层面表现为化工园区布局的优化和产业循环化发展。化工产业的结构转型在微观层面主要表现为污染型企业的绿色化转型、清洁型企业培育，以及化工企业生产工艺和产品绿色化等内容。

化工产业的技术升级主要体现在产业链各环节形成的创新链中，如提高能源资源投入和利用效率、提升污染治理能力、降低污染排放强度、提升产业数字化水平和协同发展水平等。其中，以"节能减排"为目标的绿色技术升级最为重要。

三　宜昌市化工产业发展历史沿革与现状分析

（一）宜昌市化工产业发展历史沿革

宜昌市化工产业源起于20世纪20年代，1949年至今的发展历程可划分为早期发展、快速发展和转型发展三个阶段。

1. 早期发展阶段（1949年至20世纪90年代）

1949年宜昌全市仅8家化工私营小作坊，主要生产肥皂、冰碱等产品，年工业总产值14万元（《宜昌年鉴》编纂委员会，1990）。20世纪50年代中期，宜昌市率先启动磷矿勘查工作。20世纪50年代后半期，宜昌市以化工产业为主体，生产硫酸、烧碱、肥料、农药、油漆、药品及成品油等多种产品。20世纪70年代，宜昌市建成我国最早的黄磷和磷酸一铵生产加工企业（《宜昌年鉴》编纂委员会，1989）。1996年6月22日，宜昌市正式将原宜化集团公司、磷化集团公司、富磷集团公司、昌达化工产业公司组建为宜化集团有限责任公司。同年9月6日，原枝城市的楚星化工总厂和磷肥厂合并组建成为湖北楚星集团，原兴发化工总厂挂牌成立湖北兴发化工集团公司，宜昌市化工行业实现利税全省第一的目标。1997年9月1日，湖北三宁公司正式挂牌成立。

2. 快速发展阶段（20世纪90年代后期至2016年）

宜昌市化工产业初步形成磷矿采选、磷肥、基础磷化工产品生产的产业链，宜昌市化工产业进入快速发展阶段。2000年10月28日，宜昌市树脂厂完成公司改造，正式挂牌成立氯碱化工有限责任公司。2002年，在宜化集团、兴发集团等龙头企业带动下，宜昌市化工产业不断发挥资源优势，形成以化肥、磷化工、有机化工为主导的新型化工基地。2012年，化工产业成为宜昌市首个产值超过千亿元的产业。2013年，宜昌初步建成全国重要的磷化工生产基地。

3. 转型发展阶段（2017年至今）

2017年至今，宜昌市开始实施沿江化工企业"关改搬转"工作，宜昌市化工产业进入转型发展阶段。宜昌市相继颁布一系列政策文件，全面开启化工产业转型升级发展的新征程。2020年7月9日，宜昌市经信局提出"以化工产业绿色转型为突破口，全面提升宜昌工业产业基础能力和产业链现代化水平"，表明化工产业转型升级发展已成为工业经济转型升级的重要任务。

（二）宜昌市化工产业发展现状分析

1. 化工产业发展规模

宜昌市化工产业在湖北省甚至在长江经济带都具有重要地位，化工产业销售产值占湖北化工的比重约1/3，占长江经济带的比重2%—3%（见表1）。宜昌化工产业销售产值占长江经济带比重逐年递增，增长速度远高于长江经济带其他城市。

表1　2012—2019年宜昌市、湖北省、长江经济带化工产业销售产值

年份	宜昌（亿元）	湖北（亿元）	长江经济带（亿元）	宜昌占湖北比重（%）	宜昌占长江经济带比重（%）
2012	1113.56	3537.53	47430.67	31.48	2.35
2013	1291.30	4268.50	52972.27	30.25	2.44
2014	1425.48	4997.94	57002.71	28.52	2.50
2015	1591.51	5338.32	58400.03	29.81	2.73
2016	1740.20	5593.00	61744.03	31.11	2.82
2017	1887.55	5849.56	65110.10	32.27	2.90
2018	2047.98	6134.85	68659.68	33.38	2.98
2019	2144.24	6410.26	71741.97	33.45	2.98

资料来源：笔者根据《中国统计年鉴》（2013—2020）、《中国工业统计年鉴》（2013—2017）、《宜昌统计年鉴》（2013—2020）相关资料整理。

2012—2019 年，宜昌市化工产业增加值、利润、利税呈先增后降的变化特征（见表2）。由于化工产业生产面临产能过剩、原料成本上升等难题，随着宜昌市开展化工企业转型升级工作，宜昌市化工产业各项指标在2014年由升转降。2017年，为促进长江经济带绿色发展，宜昌市对沿江化工企业进行综合整治，化工产业总产值较上一年大幅下降68.05%。2018年以来化工产业总产值逐步回升，截至2019年年底，宜昌市拥有规模以上化工企业80家，职工人数3.5万人（见表3），发展态势趋于稳定。宜昌市立足长远，牺牲短期经济利益，为化工产业高端化、绿色化、精细化奠定良好基础。

表2　　　　2012—2019 年宜昌市化工产业发展规模主要指标

年份	化工增加值（亿元）	规上工业增加值（亿元）	化工增加值占比（%）	化工产业总产值（亿元）	同比增长率（%）	主营业务收入（亿元）	利税（亿元）	利润（亿元）
2012	383.61	1298.9	29.53	1211.53	26.6	1251.98	82.12	59.22
2013	405.23	1405.84	28.82	1408.23	15	1417.52	132.22	84.13
2014	134.17	1563.29	8.58	1558.33	10.1	1527.45	119.45	75.61
2015	166.04	1718.06	9.66	1748.56	12.04	1642.76	107.29	60.33
2016	148.69	1893.3	7.85	1906.3	9.4	1785.3	106	63.1
2017	147.35	1891.41	7.79	609.04	-68.05	650.24	28.4	17.24
2018	163.85	2052.18	7.98	761.75	25.07	639.06	66.84	46.44
2019	183.6	2265.61	8.11	762.87	0.15	677.4	48.13	36.69

资料来源：笔者根据《宜昌统计年鉴》（2013—2020）、《宜昌年鉴》（2013—2020）、宜昌市人民政府网相关资料整理。

2013—2019 年宜昌市化工产品基地出口额逐年递增，增速先增后降。2013 年宜都兴发"863 工程"、三宁化工年产 20 万吨己内酰胺一期工程、兴发股份年产 2.5 万吨甲酸和年产 5 万吨甲酸钠等项目先后建成投产，化工产业增加值增速转负为正。精细化工生产逐步加快，化工产品出口增多。2014 年，宜昌市化工产品基地出口额同比增加14.56%，其中兴发集团为宜昌市化工产品出口做出巨大贡献，贡献宜昌市化工产品出口额约40%。2018年，兴发集团研发出代表行业最高生产水平的电子级磷酸、电子级硫酸，大量出口欧美、日本等国家，推动宜昌化工产品出口上升到新高度。

表3　宜昌市规模以上化工企业数、职工人数、化工产品基地出口额

年份	企业数（个）	职工人数（万人）	化工产品基地出口额（亿美元）	增长率（%）
2012	189	6.7	6.78	-4.30
2013	226	7.6	7.22	6.49
2014	240	7.8	8.74	21.05
2015	256	8.0	10.64	21.74
2016	261	8.2	11.29	6.11
2017	118	3.6	15.92	4.10
2018	99	3.5	17.67	10.99
2019	80	3.5	18.55	4.98

资料来源：笔者根据《宜昌统计年鉴》（2013—2020）、《宜昌年鉴》（2013—2020）、宜昌市人民政府网相关资料整理。

2. 化工产业污染排放

化工产业为宜昌市经济社会发展做出了巨大贡献，但由于存在生态理念缺失、产业技术落后、园区布局分散、环保安全标准缺失等问题，大量的工业废水未经处理就直接排入长江，部分化工企业偷排、超标排污等问题时有发生，工业"三废"排放较高，生态环境遭受巨大压力。宜昌从2016年起启动"宜昌试验"，化工产业迈入结构调整阶段。2012—2018年，宜昌工业废水排放量先增后降。2012—2019年废水污染物化学需氧量、氨氮含量大幅下降，表明宜昌市污水治理取得了显著成效（见表4）。2015年以来，工业二氧化硫排放量显著下降、固体废弃物综合利用率逐步上升，废气、固体废弃物治理效果显著提升。

表4　　　　2012—2019年宜昌市工业"三废"排放量

年份	工业废水排放量（万吨）	化学需氧量排放量（吨）	氨氮排放量（吨）	工业二氧化硫排放量（吨）	工业固体废弃物综合利用率（%）
2012	20635	17722	2871	65349	46.52
2013	18419	17429	2845	55077	47.90
2014	17763	17486	2950	72298	62.88
2015	18130	18262	2877	72771	26.27
2016	5919	4159	337	25996	25.26
2017	5693	2512	172	21707	25.11
2018	5761	2691	246	16225	36.72
2019	10089	3034	180	12751	35.44

资料来源：笔者根据《中国城市统计年鉴》（2013—2019）、《宜昌统计年鉴（2020）》相关资料整理。

3. 化工产业空间布局

宜昌市共有14个化工产业园区，主要分布在猇亭、宜都、枝江、当阳、远安、兴山、夷陵7个县（市、区）。从园区分布来看，枝江市有2个化工产业园，当阳市有2个化工产业园，兴山县有2个化工产业园，远安县有3个化工产业园，宜都市、夷陵区、猇亭区各有1个有化工产业园。从沿江化工产业园区和化工产业企业来看，截至2019年12月31日，宜昌14个化工园中沿江的有枝江市姚家港化工园、宜都化工园、猇亭化工园区、枝江城东（楚天）化工园4个，占比28.57%。

四　宜昌市推动化工产业转型升级的实践经验

（一）政府引导化工产业转型升级

1. 出台"政策组合拳"引导化工产业转型升级

2017年宜昌市先后颁布一系列政策文件（见表5），要求分时分段完成化工产业空间布局优化、产业结构调整、生态环境保护、高端产业培育、产业链升级等任务，全面开启宜昌市化工产业转型升级阶段。

表5　宜昌市关于化工产业转型升级发展出台的政策文件

颁布时间	文件名称	颁布单位
2017年9月5日	《宜昌市人民政府关于化工产业专项整治及转型升级的意见》	宜昌市市委
2017年10月10日	《宜昌化工产业专项整治及转型升级三年行动方案》	宜昌市人民政府
2018年1月9日	《宜昌市化工产业绿色发展规划（2017—2025年）》	宜昌市人民政府
2018年1月11日	《宜昌市化工产业项目入园指南》	宜昌市人民政府办公室
2018年4月3日	《宜昌市深化工业技术改造推动工业经济转型升级发展三年行动方案》	宜昌市人民政府办公室
2020年6月28日	《宜昌市化工项目入园初步设计书编制指南及审查要点》	宜昌市化工园区规划建设工作领导小组办公室

资料来源：笔者根据相关政策文件整理。

2. 整治能矿资源低效利用

宜昌市磷矿资源丰富，但存在资源利用低效、环境污染严重的问题。为了提高矿产资源的整体利用效率，一方面，宜昌市积极建设绿色矿山。首先，"做减法"，设立门槛，控制采矿权总数，关闭低产能磷矿开采企业，禁止新建低产能磷矿开采项目。其次，"做加法"，创新填充法等采矿技术、污染控制技术等。另一方面，宜昌市出台《磷石膏综合利用三年行动计划》《促进磷石膏综合利用的意见》《磷石膏及其综合利用产品质量标准》《关于在建设领域推广应用磷石膏综合利用产品的通知》《磷石膏综合利用和磷矿绿色矿山建设奖励磷矿资源工作方案》等政策性文件，设立磷石膏综合利用专项资金，组织实施田鑫建材、昌耀管廊、三迪环保、鄂中化工等一批磷石膏综合利用建设项目，统一规划建设专业化标准化的磷石膏堆场。

3. 设立创新平台

创新平台是融合资金、技术、人才等资源，支撑科研和技术开发的重要载体。截至 2020 年 12 月 31 日，宜昌市共有 1 个省级产业技术研究院、12 个省级工程技术研究中心、20 个市级工程技术研究中心、2 个市级重点实验室、9 个湖北省企校联合创新中心、14 个宜昌市备案企校联合创新中心、11 个企业技术中心，为产业创新提供了坚实的平台基础。

4. 搭建对外协作云平台

宜昌市政府不仅鼓励化工企业在外投资设厂或与外地化工企业合作办厂，还充分发挥城市间的联通互助作用，在宜昌、荆州、荆门地区搭建"工业云"平台，依托宜荆荆区域的磷矿资源，形成高端磷系电子级化学品产业链、氟系新材料及精细化工产品产业链、新能源材料产业链、有机磷医药产业链。

（二）园区推动化工产业布局优化

1. 调整园区产业布局

第一，明确规定严禁在长江及主要支流沿岸 1 千米范围内新建化工园区和企业。第二，对存量化工园区和企业采取分类整治措施，按照《宜昌市化工行业安全发展规划（2016—2020）》将 14 家化工园区分类定位（见表 6）。第三，对沿江化工园区企业采取"关、改、搬、转"措施，为沿江 134 家化工企业提供"一企一策"的服务，明确 2018—2020 年的年度任务，绘出路线图（见表 7）。

表 6　　宜昌市化工园区空间布局、园区内规模以上化工企业数及园区类别

所在地	化工产业园区	园区内规模以上化工企业数（个）	园区类别
宜都市	宜都市宜都化工园	22	优化提升区

续表

所在地	化工产业园区	园区内规模以上化工企业数（个）	园区类别
枝江市	枝江市姚家港化工园	17	优化提升区
	枝江市城东（楚天）化工园	1	整治关停区
当阳市	当阳市坝陵工业园	3	控制发展区
	当阳市岩屋庙工业园	4	整治关停区
远安县	远安县万里工业园	4	控制发展区
	远安县荷花工业园	2	整治关停区
	远安县江北工业园	3	整治关停区
	汪家化工产业园	1	禁止发展区
兴山县	兴山县白沙河化工园	1	控制发展区
	兴山县刘草坡化工园	1	控制发展区
	兴山县平邑口工业园	3	禁止发展区
夷陵区	夷陵区鸦鹊岭精细化工园	2	整治关停区
猇亭区	猇亭化工园	11	控制发展区

资料来源：笔者根据宜昌市人民政府网相关资料整理所得。

表7　2018—2020年宜昌市化工企业"关改搬转"目标任务

整治类型	2018年	2019年	2020年	2021—2025年	总计
关停	26	4	—		30
改造	2	14	10	5	26
搬迁	3	4	—		7
转产	43	17	6		66

资料来源：笔者根据宜昌市人民政府2018年8月24日发布的《宜昌市化工产业专项整治及转型升级分类施策方案（2018—2020年）》相关资料整理所得。

2. 推动化工园区协调发展

宜昌各化工园区之间既体现差异又互相协作，逐步形成"2+5"的化工园区布局。宜都化工园、姚家港化工园、猇亭化工园均以磷化工为产业基础，其中，宜都化工园建设成为以精细化工、医药化工为主体，新能源、新型建材为辅的生态型产业集群，姚家港化工园建设成为以化工新材料为主，高端精细化工与高端农用化工为辅的产业集群，猇亭园化工园建设成为以化工新材料和高端化学品制造为重点的产业集群。

3. 建设绿色化工园区

首先，重点建设姚家港化工园和宜都化工园，开展国家生态工业示范园区建设，建成智慧化绿色化工园区。其次，严格行业环境准入。编制《宜昌化工园区化工企业环保准入方案》，严格限制"控制发展区"化工产业规模和污染排放量，引导园区外企业搬迁入"优化提升区"。最后，推进园区循环化改造。以磷矿—湿法磷酸—磷石膏—石膏建材为例，磷矿和硫酸合成湿法磷酸，副产磷石膏，将磷石膏综合利用，变为石膏建材，副产硫酸，将硫酸再利用到第一环节，构成循环经济的闭环产业链。

（三）企业积极践行新发展理念

1. 龙头企业率先开展技术创新

宜昌市龙头企业通过技术引进和自主研发践行创新发展理念，实现生产设备和生产工艺的技术创新。在技术引进方面，2000年，宜化20万吨大颗粒尿素装置投产，该工程采用早期自动加焦、高低分设、PSA脱碳、挪威海德鲁大颗粒造粒、美国摩尔公司DCS集散控制、德国西门子公司质量监控系统等高新技术。同年，兴发集团从日本、德国、中国台湾地区等地引进生产设备，生产过程采用美国EMERSON智能控制系统，同时配备安捷伦ICP-MS等先进的检测仪器，用以生产电子级磷酸，提高产品附加值。2008年，宜昌引进最大韩资项目——韩国工业园暨高丽鑫物产（宜昌）有限公司BPV原料项目在宜昌开工。在自主研发方面，以兴发集团、中石化湖北化肥分公司等为代表的企业自行研制新型装置，研发化工产品生产设备，提高化工产品生产效率（见表8）；以宜化集团、宜都兴发等为代表的企业力推生产工艺改进，提高生产技术水平。2015年，中孚化工采用先进溶剂萃取技术将湿法磷酸中的金属杂质进行分离，得到85%的工业级磷酸、98%的工业一铵和55%的农用一铵，得到纯度更高的化工产品。

表8 宜昌市自主创新实践案例

自主创新方式	实践案例
研制新型装置	2005年兴发集团自主研制年产1万吨黄磷电炉投产，成为全国首台全自主技术的最大黄磷电炉； 2014年中石化湖北化肥分公司以壳牌气化炉为基础，自主开发合成器制乙二醇装置
改进生产工艺	2002年宜化集团单季戊四醇"高温钠法"工艺等填补国内空白； 2014年宜都兴发用净化磷酸取代热法磷酸生产精细磷酸盐，生产过程中的副产品萃余酸，用于生产肥料，实现循环化利用

资料来源：笔者根据《宜昌年鉴》（2003—2015）相关资料整理。

2. 各类企业因势利导推动节能减排

一是改进工艺流程，缩短设备运行时间或减少原料浪费，降低运行成本，如2007年湖北化肥分公司对二氧化碳再吸收塔进行内件改造，使产品二氧化碳和低甲系统尾气中的甲醇含量降低2/3，减少甲醇损耗。二是通过创新工艺降低能耗，如2010年宜昌新洋丰公司磷酸二铵项目磷酸工段采用湿法磷酸生产工艺，磷氨生产采用料浆法技术、余热电设计方案，实现循环利用。三是承担环境治理责任，如兴发集团主动担当企业环境保护责任主体，推进"治污、搬迁、技改、转型、复绿"五大工程，推动流域生态恢复。

3. 企业联合推动产业链协调循环建设

各企业联合打造磷化工、硅化工、碳一化工、氟化工、石墨新材料5条化工产业链，推动企业间协调发展，包括以宜化集团、兴发集团为龙头的现代磷化工产业链，以兴发集团为龙头的硅化工新材料产业链和氟基新材料产业链，以三宁化工为龙头的碳一化工产业链和以新成石墨为核心的石墨新材料产业链。

4. 积极推进开放发展

一方面，宜昌市化工企业积极在外地投资设厂。如宜化集团在北京、湖南、河北、河南、重庆、四川、云南、山西、内蒙古、宁夏、青海、新疆等地区设立研发中心和制造基地；湖北三宁化工与山西晋城煤业集团合资生产煤化工产品；兴发集团在湖北兴山、神农架、保康以及云南、广西、重庆、江苏、新疆等地建设规模化生产基地，在上海、广州、香港等国内地区以及美国、巴西等发达国家设置区域营销平台，产品远销113个国家和地区，基本确立国内同行业主导地位。2003年，兴发集团和宝洁、汉高、联合利华三大国际洗涤行业巨头建立战略合作伙伴关系，成为3家公司在中国最大产品供应商。另一方面，企业积极出口化工产品。2000年，湖北宜都星原化工生产"禾稼旺"牌硫酸钾复合肥出口非洲；2001年，宜化集团大颗粒尿素出口美国；2004年，宜化集团季戊四醇在全国市场占有率达50%以上，部分产品出口韩国、美国、新加坡、日本等地。

五　主要结论与政策建议

（一）主要结论

本文关注长江沿江化工产业转型升级发展的现实问题，在分析化工产业转型升级的理论内涵与实践路径基础上，以宜昌市为典型样本分析推动沿江化工产业转型升级的有效路径。主要结论归纳如下：

（1）化工产业转型升级必须遵循产业发展规律和新发展理念。在宏观层面要实现产业高端化、精细化、绿色化发展；在中观层面要实现化工园区布局优化、推动产业链建设等；在微观层面要推动企业技术创新、节能减排和协调发展，充分践行新发展理念。

（2）宜昌市化工产业处于转型升级发展阶段。自2017年对沿江化工企业进行综合整治，宜昌市化工产业规模呈现先大幅下降后稳步上升的变化特征。随着化工产业转型升级推进，绿色转型成效显现，污染排放有效控制，产业格局持续优化，产品出口逐年递增。

（3）"政府引导、园区推动、企业践行"是宜昌市化工产业转型升级的有益探索。政府层面，一是出台"政策组合拳"引导化工产业转型升级；二是整治能矿资源低效利用问题，尤其是提高磷矿资源利用效率；三是设立创新平台和对外协作云平台，提高企业创新水平和对外协作能力。园区层面，通过调整园区布局、推动化工园区协调发展、建设绿色化工园区，实现园区转型升级。企业层面，龙头企业通过技术引进和自主研发率先践行创新发展理念；各类企业因势利导推动节能减排，践行绿色发展理念；企业联合推动产业链协调循环发展，践行协调和共享发展理念；企业积极开展对外合作和出口，践行开放发展理念。

（二）政策建议

（1）地方政府应遵循产业发展特点和规律，因地制宜制定化工产业转型升级政策措施。化工产业具备高能耗、高风险等特征，但在不同发展阶段和不同地域，其特征也随之改变，因此在制定化工产业转型升级政策时必须充分调研，研判产业发展阶段，避免政策"一刀切"，并根据地域特征和比较优势，制定差异化产业发展政策。此外，推动化工产业转型升级并非"一日之功"，应采取"政策组合拳"，层层落实、持续推进。

（2）积极推进企业入园，优化园区产业布局。"宜昌样本"的发展实践表明，化工产业发展必须走协调集聚发展道路，形成中间产品不出园区，污染集中处理的模式，因此应大力推动企业入园，并根据产业链结构合理布局。此外，推动沿江园区和非沿江园区制定差异化的发展规划，对化工产业园区进行分级分类定位，明确产业准入标准。

（3）精准施策，鼓励企业因势利导践行新发展理念。在推动企业"关改搬转"过程中，要实行分类施策、一企一策等方式，分时分段逐步完成"关改搬转"工作。同时对搬迁化工企业也要给予一定过渡期，尽量降低企业因搬迁产生的损失和市场份额挤兑风险，帮助企业解决实际困难。在鼓励企业践行新发展理念过程中，不同规模、主营业务的化工企业应根据自身条件差异化推进。对于龙头企业，应鼓励其开展技术创新，推动产品高端化、精细化、绿色化发展；对于污染较严重的企业，应鼓励其改造生产线，推动流程工艺绿色转型；对于产品具有国际贸易比较优势的企业，要鼓励企业出海，并向高端化发展。

参考文献

甘行琼等：《财政分权、地方政府行为与产业结构转型升级》，《改革》2020 年第 10 期。

郭志鹏、马秀平：《现代煤化工产业的转型升级发展现状及建议》，《化工管理》2020 年第 10 期。

胡迁林：《现代煤化工产业的精细化发展》，《科技导报》2016年第 17 期。

纪学朋等：《入园率视角下长三角地区化工产业时空格局演化及影响因素》，《地理研究》2020 年第 5 期。

潘凡峰、高长春：《基于演化博弈模型的煤化工产业创新模式》，《东华大学学报》（自然科学版）2018 年第 1 期。

唐楠等：《基于 GE 衍生矩阵的资源型城市化工产业延链升级研究——以陕西省韩城市为例》，《地域研究与开发》2018 年第 1 期。

王伟：《辽宁芳烃产业链发展概况与思考》，《化工管理》2020年第 7 期。

王玮、曾智涵：《地方税收竞争与我国制造业的升级——基于门槛回归的研究》，《工业技术经济》2020 年第 3 期。

《宜昌年鉴》编纂委员会：《宜昌年鉴》，长江出版社 1990年版。

《宜昌年鉴》编纂委员会：《宜昌年鉴》，长江出版社 1989 年版。

袁航、朱承亮：《政府研发补贴对中国产业结构转型升级的影响：推手还是拖累？》，《财经研究》2020 年第 9 期。

周冯琦、陈宁：《优化长江经济带化工产业布局的建议》，《环境保护》2016 年第 15 期。

邹辉、段学军：《长江沿江地区化工产业空间格局演化及影响因素》，《地理研究》2019 年第 4 期。

Research on the "Yichang Sample" of the Transformation and Upgrading of the Chemical Industry along the Yangtze River

LI Shufan　HUANG Cheng

Abstract：Yichang is a typical area of the "chemical encirclement of the river" along the Yangtze River. In the practice of cracking the "chemical encirclement of the river", Yichang guided chemical companies to close, improve, relocate, transformation, and promote the transformation and upgrading of the chemical industry with overwhelming efforts. Based on the analysis of the theoretical connotation and practical path of the transformation and upgrading of the chemical industry, this paper focuses on the analysis of effective paths to promote the transformation and upgrading of the chemical industry along the Yangtze River, taking Yichang as a case. Studies have shown that the transformation and upgrading of the chemical industry must follow the laws of industrial development and new development concepts, and promote industrial transformation and upgrading from the macro, meso, and micro levels. The chemical industry in Yichang is in the stage of transformation and upgrading. Yichang experienced industrial shrinkage in 2017, and successfully walked out of the pain. Yichang has effectively promoted the transformation and upgrading of the chemical industry by the ways of government guidance, park promotion and enterprise practice. The practical enlightenment of the "Yichang Sample" is that all regions should follow the characteristics and laws of industrial development, and promote the transformation and upgrading of the chemical industry should according to local conditions. We should actively promote enterprises to enter the park, optimize the industrial layout, and promote the chemical industry to take the path of coordinated clusters. Precise policies should be implemented and time-based Gradually complete the "customs reform and transfer" work, and encourage enterprises to take advantage of the situation and practice new development concepts.

Key words: Yangtze River Economic Belt　Transformation and upgrading　Chemical industry　Yichang sample

（责任编辑：杜宇）

长江流域经济协同发展研究

长江经济带区域经济差异及其收敛性[*]

万 庆 陈皓劼[**]

摘 要： 采用Dagum基尼系数、变异系数和β收敛模型等方法，从上中下游地区和省域两个层面，定量考察2004—2019年长江经济带区域经济差异及其收敛性。研究结果显示：①长江经济带区域经济差异总体呈缩小趋势，且主要源于上中下游不同地区之间的差异和不同省市之间差异，地区内部和省域内部差异的贡献相对较小；②长江经济带整体经济发展存在σ收敛现象，而且上下游地区和省份σ收敛趋势较为明显，但中游地区和省份σ收敛趋势相对微弱；③长江经济带经济增长既存在绝对β收敛现象，也存在条件β收敛现象，资源禀赋、经济结构、制度环境不同的市州经济增长将收敛至各自的稳态。

关键词： 区域经济差异 收敛性 Dagum基尼系数 长江经济带

一 引言

区域经济差异及收敛性是区域经济学、发展经济学、经济地理学等学科重点关注的研究主题。自改革开放以来，我国经济发展取

---

[*] 基金项目：教育部人文社会科学研究青年项目"环境规制对区域协调发展的影响机制及效应研究——基于新经济地理学的视角"（18YJC790153）。

[**] 万庆，武汉工程大学管理学院副教授、硕士生导师；陈皓劼，武汉工程大学管理学院硕士研究生。

得了举世瞩目的伟大成就。然而，由于区域非均衡发展战略导致的路径依赖，东部、中部、西部三大经济地带经济分化态势依然十分明显，同时南北方地区差距加速扩大的问题也颇受关注。尽管国内外学术界对中国区域经济差异及收敛性进行了大量研究，但在中国区域经济增长是否存在收敛趋势的问题上仍存在很大争议。

区域经济收敛研究分为 σ 收敛、β 收敛和俱乐部收敛（黄少军，1997）。σ 收敛是指各地区人均收入差距随时间推移而不断缩小，也就是经济发展水平收敛。杨开忠（1994）的研究显示，1978—1992 年中国区域人均国民收入差距呈扩大趋势，也就是说不存在 σ 收敛。然而，林毅夫和刘明兴（2003）、林光平等（2006）却发现，1978—1990 年中国地区人均 GDP 存在 σ 收敛。同时，也有研究表明，1990 年之后中国地区人均 GDP 呈现 σ 收敛与发散交替变化的特征（刘夏明等，2004；潘文卿，2010；董雪兵、池若楠，2020）。

β 收敛是指地区人均收入增长速度与其初始水平呈负相关关系，也就是经济增长率收敛（覃成林，2003）。β 收敛又分为绝对收敛和条件收敛。绝对 β 收敛是指发达地区相比欠发达地区有更高的经济增长率，随着时间的推移，所有地区将收敛于相同的人均收入水平。宋学明（1996）的实证分析表明，1978—1992 年中国地区人均收入与经济增长率成反比，地区经济增长存在绝对 β 收敛特征。魏后凯（1997）的研究显示，1978—1985 年中国地区人均 GDP 增长收敛的速度较快，而 1985—1992 年则不存在显著的收敛性。申海（1999）将考察时段延展至 1996 年，实证检验同样发现中国地区经济增长存在绝对 β 收敛。刘强（2001）则认为，中国地区间经济增长的收敛性存在明显的阶段性和区域性，并采用经验分析验证了这一论断。由于研究时段的不断扩展，后续研究也发现了中国地区经济增长并不存在绝对 β 收敛的经验证据（张胜等，2001；赵伟、马瑞永，2005；周亚虹等，2009）。史修松、赵曙东（2011）指出，空间依赖性对中国地区经济增长收敛性具有一定的影响，考虑空间依赖性的空间收敛模型估计结果表明，1978—2009 年中国地区经济

增长存在绝对 β 收敛。另外，朱国忠等（2014）采用空间动态面板模型估计发现，1952—2008 年地区人均 GDP 不存在绝对收敛。戴觅、茅锐（2015）研究指出，经济收敛并非不存在，而是仅仅存在于工业部门之中。

条件 β 收敛放弃了绝对 β 收敛所暗含的不同地区具有完全相同的经济特征的假定，意味着资源禀赋、经济结构、制度环境等条件不同的地区也具有不同的稳态（邓翔，2001）。王志刚（2004）的实证研究表明，1979—1999 年中国地区经济增长不存在条件 β 收敛。而吴玉鸣（2006）采用考虑空间效应的收敛模型估计发现，1978—2002 年中国地区经济增长表现出较为显著的条件 β 收敛趋势。王俏茹等（2020）最近的研究也发现中国地区经济增长整体满足条件 β 收敛规律。

俱乐部收敛是指在初始经济发展水平相近的经济集团内部，其增长速度和发展水平处于收敛，而集团间的增长差异却无法缩小（金相郁，2006）。对于中国地区经济增长是否存在俱乐部收敛的问题，已有相关研究所得结论较为一致，均发现中国地区经济增长形成了东部、中部和西部三个趋同俱乐部（蔡昉、都阳，2000；沈坤荣、马俊，2002；张焕明，2004；何一峰，2008；彭国华，2008；覃成林、张伟丽，2009；陈得文、陶良虎，2012；董雪兵、池若楠，2020）。

除基于省级层面数据的实证分析外，一些学者选择城市层面数据展开研究。徐现祥、李郇（2004）最早研究表明，与省区收敛模式不同，中国城市经济增长存在 δ 收敛和绝对 β 收敛。周业安、章泉（2008）采用条件分量回归估计发现，中国城市经济增长整体不存在收敛趋势。徐大丰（2009）也指出，中国城市经济增长不存在绝对收敛，但存在俱乐部收敛。张传勇、刘学良（2017）对大中城市的实证分析同样发现，中国城市经济增长不存在绝对收敛，但存在条件收敛。同时，也有学者专门针对某个具体区域展开分析，如黄河流域（周国富、夏祥谦，2008；张可云、张颖，2020）和长三角地区（张学良，2010；覃成林等，2012）。

上述文献回顾表明，由于研究时段、样本尺度和模型方法的差异，学术界对中国区域经济增长的收敛趋势，尤其是 σ 收敛和 β 收敛趋势，仍存在较大争议。另外，由于各地区资源禀赋、经济特征和文化环境等差异巨大，其区域内部经济增长的收敛特征也会具有异质性。因此，针对具体区域经济增长的收敛性研究具有重要的研究价值。

长江经济带横贯我国东部、中部、西部三大板块，上中下游各地区经济发展不平衡基本上是全国区域经济分化的一个缩影。自长江经济带发展战略实施以来，打造东部、中部、西部互动合作的协调发展带始终是一项极为重要的目标任务。成渝地区双城经济圈、长江中游城市群、长三角一体化发展等国家战略分别聚焦上、中、下游地区，对推动长江经济带区域协调发展具有十分重要的意义。显而易见的是，只有当长江经济带经济增长存在收敛趋势时，东中西互动合作的协调发展带战略定位才可能取得实质性进展。本文根据长江经济带 126 个市州（含直辖市）经济社会发展数据，采用 Dagum 基尼系数及其分解方法以及收敛模型，定量分析长江经济带区域经济差异和收敛性，不仅可为中国区域经济增长收敛研究提供经验证据，还能为推动长江经济带协调发展提供决策参考。

二 研究方法与数据来源

（一）Dagum 基尼系数及其分解方法

采用 Dagum 基尼系数从整体上刻画长江经济带人均 GDP 的地区差异，并将其分解为地区内差异、地区间差异和超变密度。所有市州的总体基尼系数计算式为：

$$G = \sum_{j=1}^{k}\sum_{h=1}^{k}\sum_{i=1}^{n_j}\sum_{r=1}^{n_h} |y_{ji} - y_{hr}|/2n^2\bar{y} \tag{1}$$

其中，j、h 是地区下标，i、r 为市州下标。n 是所有市州总数，k 是地区数量。$n_j(n_h)$ 是第 $j(h)$ 个地区内的市州数量。$y_{ji}(y_{hr})$ 是第 $j(h)$ 个地区内市州 $i(r)$ 的人均 GDP，$\bar{y}$ 是所有市州人均 GDP 的平均值。

在对总体基尼系数 G 按子群进行分解时，先根据地区内人均 GDP 的均值对地区进行排序，然后将基尼系数分解为地区内差异的贡献 G_w、地区间净值差异的贡献 G_{nb} 和超变密度的贡献 G_t 三个部分，三者满足：$G=G_w+G_{nb}+G_t$。它们的计算公式如下：

$$G_w = \sum_{j=1}^{k} G_{jj} p_j s_j$$

$$G_{jj} = \frac{\frac{1}{2\bar{y}_j}\sum_{i=1}^{n_j}\sum_{r=1}^{n_j}|y_{ji}-y_{jr}|}{n_j^2} \tag{2}$$

$$G_{nb} = \sum_{j=2}^{k}\sum_{h=1}^{j-1} G_{jh}(p_j s_h + p_h s_j) D_{jh}$$

$$G_{jh} = \sum_{i=1}^{n_j}\sum_{r=1}^{n_h} \frac{|y_{ji}-y_{hr}|}{n_j n_h (\bar{y}_j + \bar{y}_h)} \tag{3}$$

$$G_t = \sum_{j=2}^{k}\sum_{h=1}^{j-1} G_{jh}(p_j s_h + p_h s_j)(1-D_{jh}) \tag{4}$$

式（2）中，G_{jj} 表示 j 地区的基尼系数；式（3）中，G_{jh} 表示 j 地区和 h 地区之间的基尼系数；式（4）中，$p_j=n_j/n$，$S_j=n_j\bar{y}_j/n\bar{y}$；式（5）中，$D_{jh}$ 为地区间人均 GDP 的相对影响，计算方式见式（5）；d_{jh} 为地区间人均 GDP 的差值，可以理解为 j、h 地区所有 $y_{ji}-y_{hr}>0$ 的样本值加总的数学期望；p_{jh} 定义为超变一阶矩，表示 j、h 地区所有 $y_{hr}-y_{ji}>0$ 的样本值加总的数学期望。

$$\begin{aligned} D_{jh} &= \frac{d_{jh}-p_{jh}}{d_{jh}+p_{jh}} \\ d_{jh} &= \int_0^\infty dF_j(y)\int_0^y (y-x)dF_h(x) \\ p_{jh} &= \int_0^\infty dF_h(y)\int_0^y (y-x)dF_j(x) \end{aligned} \tag{5}$$

其中，F_j（F_h）为 j（h）地区的累积密度分布函数。

（二）收敛模型

1. σ 收敛

σ 收敛是反映不同地区人均 GDP 的离差随着时间推移呈现不断下降的态势。本文采用变异系数表征经济发展的 σ 收敛，其计算式为：

$$CV_j = \frac{1}{\bar{y}_j}\sqrt{\frac{\sum_{i=1}^{n_j}(y_{ij}-\bar{y}_j)^2}{n_j-1}} \tag{6}$$

其中，j、i 分别为地区和市州下标；n_j 为地区 j 所辖市州数量。$\bar{y}_j$ 为地区人均 GDP 的均值。

2. β 收敛

考虑到经济发展的溢出效应，构建包含空间交互效应的绝对 β 收敛模型，如式（7）所示。

$$\ln\left(\frac{y_{i,t+1}}{y_{i,t}}\right) = \alpha + \beta\ln(y_{i,t}) + \rho w_{ij}\ln\left(\frac{y_{i,t+1}}{y_{i,t}}\right) + \gamma w_{ij}\ln(y_{i,t}) + \mu_i + \eta_t + \varepsilon_{it} \tag{7}$$

其中，$\ln(y_{i,t+1}/y_{i,t})$ 表示第 t 个时期人均 GDP 在第 t+1 期的变动率，$y_{i,t+1}$ 表示末期人均 GDP，$y_{i,t}$ 表示初期人均 GDP，ρ 和 γ 是空间回归系数，分别反映内生交互效应和外生交互效应。w_{ij} 为空间权重矩阵 w 第 i 行第 j 列元素，本文采用后邻近空间权重矩阵形式。β 为收敛系数，若 $\beta<0$，说明区域经济发展存在收敛特征；若 $\beta>0$，则说明存在发散特征，收敛速度 $\lambda = -\ln(1+\beta)/T$。

条件 β 收敛是指尽管各地区资源禀赋、经济结构、制度环境等诸多条件存在显著差异，但经济增长最终会收敛到各自的稳态水平。因此，需要在绝对 β 收敛模型的基础上，加入若干控制变量构建条件收敛模型，如式（8）所示。

$$\ln\left(\frac{y_{i,t+1}}{y_{i,t}}\right) = \alpha + \beta\ln(y_{i,t}) + \delta\ln X_{i,t} + \rho w_{ij}\ln\left(\frac{y_{i,t+1}}{y_{i,t}}\right) + \gamma w_{ij}\ln(y_{i,t}) +$$
$$\theta w_{ij}\ln X_{i,t} + \mu_i + \eta_t + \varepsilon_{it} \tag{8}$$

参考既有对经济发展影响因素的研究文献（陈丰龙等，2018；师博、任保平，2019），本文选取的条件 β 收敛控制变量包括投资、劳动、人力资本、产业结构高级化、经济开放度和政府作用，其中投资以固定资产投资额占 GDP 的比重表示，劳动以从业人员占总人口的比重表示，人力资本以平均受教育年限表示，产业结构高级化以第三产业与第二产业增加值之比表示，经济开放度以进出口贸易额占 GDP 比重表示，政府作用以财政支出占 GDP 的比重表示。

（三）数据来源

本文选取长江经济带 126 个市州作为样本，包括 2 个直辖市，108 个地级市，16 个自治州。所采用的人均 GDP、固定资产投资额、从业人员、户籍总人口、财政支出等数据来自《中国城市统计年鉴》（2005—2020）、《中国区域经济统计年鉴》（2005—2014）和《中国省市经济发展年鉴》（2013—2019）以及相关省份、地市州 2005—2020 年统计年鉴。市州人均 GDP 采用省级层面的价格平减指数换算成 2000 年可比价。根据自然地理特征，将长江经济带划为上游地区、中游地区和下游地区。其中，重庆、四川、贵州为上游地区，湖北、湖南、安徽为中游地区，上海、浙江、江苏为下游地区。

三 实证结果分析

（一）区域经济差异分析

1. 总体差异

表 1 汇报了 2004—2019 年长江经济带人均 GDP 总体差异的基尼系数。根据计算结果可以发现，长江经济带区域经济发展存在显著差异，但其总体差异程度较低，基尼系数处于 0.304—0.406。这表明，由于受到自然禀赋、区位条件、发展基础、产业结构、对外开放、政府干预等因素差异，各地区经济发展水平存在空间非均衡

性特征。从演变趋势来看,长江经济带区域经济差异总体在动态波动中趋于下降,基尼系数由 2004 年的 0.406 下降至 2019 年的 0.304,年均下降 1.91%,降幅为 25.1%,这说明长江经济带区域经济差异总体在逐渐缩小。具体而言,除 2006 年和 2017 年分别出现轻微反弹外,其余年份均呈现下降态势,尤其是 2010 年和 2019 年的表现尤为明显。这表明,随着时间推移,考察期内长江经济带经济发展的空间非均衡性不断减弱,这可能与国家的西部大开发战略和中部崛起战略的实施效果有关。

表 1 同时汇报了地区层面长江经济带区域经济差异来源及贡献。从差异数值来看,样本考察期内,地区间差异的贡献率最大,始终保持在 53.4%—59.9%,而地区内差异与超变密度的贡献率相对比较接近,浮动范围分别为 26.3%—27.6% 和 13.4%—19.3%,三者的年平均贡献率分别为 56.7%、26.9%、16.4%。这表明,在地区层面,地区间差异是长江经济带区域经济差异的主要来源,地区内差异和超变密度的贡献相对较小。从变动趋势来看,区际差异和区内差异的贡献率总体呈现在波动中微弱下降态势,贡献率分别由 2004 年的 56.8% 和 27.6%,下降至 2019 年的 56.6% 和 26.8%。超变密度的贡献率则在波动中略有上升,其贡献率由 2004 年的 15.6% 上升至 2019 年的 16.6%。综合来看,样本考察期内,长江经济带区域经济差异的来源构成大体保持稳定。

表 1　　地区层面长江经济带区域经济差异来源及分解

年份	总体差异	地区内差异 数值	地区内差异 贡献率(%)	地区间差异 数值	地区间差异 贡献率(%)	超变密度 数值	超变密度 贡献率(%)
2004	0.406	0.112	27.6	0.230	56.8	0.063	15.6
2005	0.394	0.106	26.9	0.231	58.6	0.057	14.5
2006	0.404	0.109	26.9	0.239	59.2	0.056	13.9
2007	0.404	0.108	26.7	0.242	59.9	0.054	13.4
2008	0.404	0.108	26.7	0.242	59.9	0.054	13.4
2009	0.395	0.106	26.9	0.233	59.1	0.055	14.0

续表

年份	总体差异	地区内差异		地区间差异		超变密度	
		数值	贡献率（%）	数值	贡献率（%）	数值	贡献率（%）
2010	0.359	0.094	26.3	0.208	57.9	0.057	15.8
2011	0.344	0.092	26.8	0.194	56.4	0.058	16.8
2012	0.338	0.091	27.0	0.188	55.6	0.059	17.4
2013	0.331	0.089	27.0	0.183	55.2	0.059	17.8
2014	0.327	0.088	27.0	0.180	55.0	0.059	18.0
2015	0.320	0.087	27.4	0.171	53.4	0.062	19.3
2016	0.319	0.087	27.3	0.172	53.8	0.060	18.9
2017	0.322	0.087	27.1	0.174	54.2	0.060	18.7
2018	0.322	0.087	26.9	0.178	55.2	0.057	17.8
2019	0.304	0.081	26.8	0.172	56.6	0.051	16.6
平均	0.335	0.096	26.9	0.202	56.7	0.058	16.4

2. 上中下游地区经济差异

图1展示了长江经济带上中下游三个地区内部经济差异及其变化情况。从差异数值来看，样本考察期内下游地区的基尼系数最大，均值为0.320；中游地区次之，均值为0.263；上游地区最小，均值为0.256。这表明下游地区经济发展水平的空间非均衡现象尤为突出，而上游地区经济发展相对均衡。其原因可能在于上游地区普遍发展相对滞后，处于一种低水平均衡状态，而下游地区因部分城市率先发展而积累的领先优势，打破了区域均衡状态。从变化趋势来看，样本考察期内下游和上游地区的区域经济差异表现出明显的缩小态势，其基尼系数分别由2004年的0.396、0.304降至2019年的0.269、0.214，年均分别下降2.55%、2.29%，降幅分别为32.08%、29.39%；中游地区的区域经济差异呈现先扩大后缩小的倒"U"形变化趋势，其基尼系数先由2004年的0.245逐渐上升，至2009年达到最大值0.277，而后逐渐降至2019年的0.238，期末与期初相比仅下降2.86%。这表明长江经济带上中下游地区内部经济发展的空间非均衡现象均得到一定程度改善，且下游和上游地区

的表现尤为明显。原因可能是随着上游地区逐渐迈入中等收入阶段，开始逐渐重视地区内部欠发达城市的发展，使其区域内差距不断缩小，空间非均衡特征持续减弱。同时，上游地区由于国家西部大开发战略和脱贫攻坚的实施，落后市州经济发展的基础条件不断改善，与先进地区的经济差距逐渐缩小。

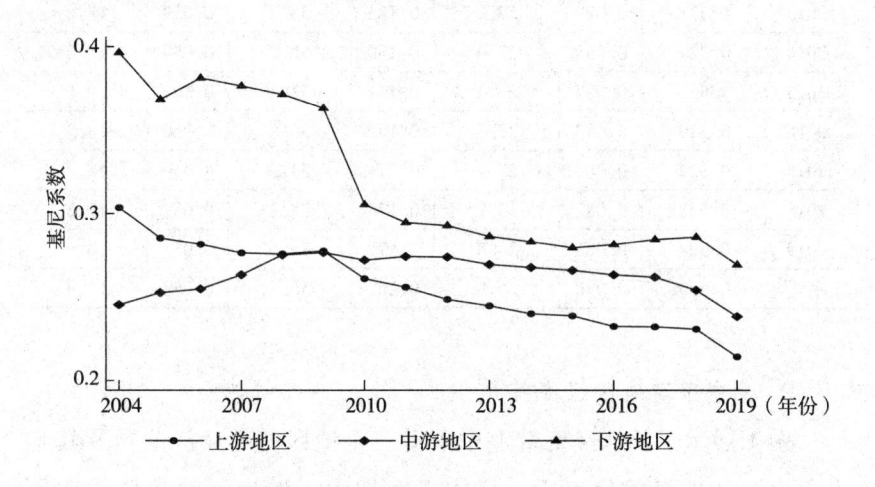

图1 长江经济带上中下游地区内部经济差异变化趋势

图2呈现长江经济带上中下游地区之间的经济差异及其变化情况。从差异数值来看，上游和下游之间的差异最大，其基尼系数均值为0.462；其次是中游和下游之间的差异，基尼系数均值为0.373；上游和中游之间的差异最小，其基尼系数均值为0.293。由此可见，下游地区与上游、中游地区间差距较大，而上中游地区间差距较小。呈现这一现象的原因不难理解，主要是由于下游地区凭借靠近沿海的区位优势，率先融入全球市场，大力发展外向型经济，积累了大量先发优势，经济社会持续快速发展，在与上中游地区的增长锦标赛中保持领先。从演变趋势来看，各地区之间差异均呈现总体下降态势，且上下游地区间差异下降速度最快，上中游地区间差异下降速度最慢。这同样与上文提及的西部大开发和中部崛起战略的实施有关。

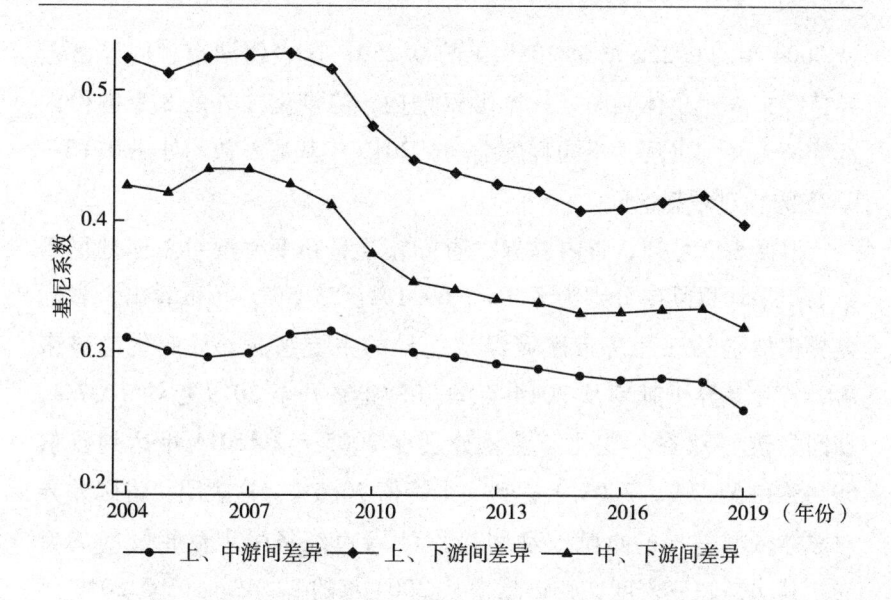

图2 长江经济带上中下游地区之间经济差异变化趋势

3. 省域经济差异分析

根据基尼系数计算结果，安徽基尼系数最大，年均为0.292；江苏次之，年均为0.271；湖北居第三，年均为0.265；浙江基尼系数最小，年均为0.177。这表明安徽、江苏、湖北3省内经济发展的空间非均衡现象尤为突出，而浙江省内经济发展相对均衡。从演变趋势来看，除湖南外的其他8个省内经济差异均呈现缩小态势，但变化趋势和幅度略有不同。具体而言，浙江的基尼系数呈现逐年递减的态势，从2004年的0.21降至2019年的0.154。这表明浙江省内经济差异不断缩小。在2009年之前，江苏的基尼系数一直最高，但2009年之后开始逐步降低，尤其是在2010年出现大幅下降，由0.356下降至0.246。安徽的基尼系数在2004—2010年间不断增加，数值从0.305增至0.347，但达到顶峰后就开始逐渐下降至2019年的0.217。云南的基尼系数变化出现了一个波谷和一个波峰，表明其省内经济差异出现了先缩小再扩大后又逐年缩小的态势。湖南是唯一一个基尼系数总体呈现上升态势的省份，基尼系数从2004年的0.222增至2019年的0.259，这表明湖南省内经济差异持续扩大。总体判断，样本考察期内，除湖南之外的8个省份内部经济差异均出现了不同程度缩小，2019年基尼系数均处于0.15—0.25的相对理想区间。

根据表2可知，省内差异、省际差异、超变密度对总体基尼系数的年平均贡献率分别为7.4%、69.1%、23.5%。可以看出，省际差异仍然是长江经济带区域经济差异的主要来源。从变化趋势来看，省际差异贡献率从2014年的70.4%略升至2019年的70.7%，期间呈现"双谷"变化态势，分别在2005年和2014年达到谷值69.4%和67.3%，2007年达到一个峰值70.5%。这表明，省际差异对总体区域差异的贡献波动明显，11省市经济呈现竞相发展的格局。其次是超变密度，其贡献率从2004年的22.4%略降至2019年的22.0%，期间呈现"双峰"的态势，分别在2005年和2014年达到两个峰值，2007年达到波谷值22.1%。最后是省内差异，其贡献率基本稳定，2004年为7.2%，2019年为7.3%，期间最大值也仅为7.6%。观察数值变化可以发现，省内差异对整体差异的贡献值在2019年达到了最低，但贡献率却出现了上升，这表明省内差异的缩小幅度，低于长江经济带整体区域差异的缩小幅度。

表2　　　　省域层面长江经济带区域经济差异来源及分解

年份	总体差异	省域内差异 数值	贡献率（%）	省域间差异 数值	贡献率（%）	超变密度 数值	贡献率（%）
2004	0.406	0.029	7.2	0.285	70.4	0.091	22.4
2005	0.394	0.029	7.4	0.274	69.4	0.091	23.1
2006	0.404	0.030	7.5	0.282	69.7	0.092	22.8
2007	0.404	0.030	7.4	0.285	70.5	0.089	22.1
2008	0.404	0.030	7.5	0.283	70.1	0.090	22.4
2009	0.395	0.030	7.5	0.277	70.2	0.088	22.3
2010	0.359	0.027	7.6	0.244	68.0	0.088	24.5

续表

年份	总体差异	省域内差异 数值	贡献率（%）	省域间差异 数值	贡献率（%）	超变密度 数值	贡献率（%）
2011	0.344	0.026	7.4	0.234	68.0	0.084	24.6
2012	0.338	0.025	7.5	0.228	67.5	0.084	25.0
2013	0.331	0.025	7.5	0.223	67.5	0.083	25.0
2014	0.327	0.025	7.5	0.220	67.3	0.082	25.1
2015	0.320	0.024	7.5	0.218	68.2	0.078	24.3
2016	0.319	0.024	7.4	0.220	68.9	0.076	23.8
2017	0.322	0.024	7.4	0.223	69.3	0.075	23.3
2018	0.322	0.023	7.3	0.226	70.0	0.072	22.5
2019	0.304	0.022	7.3	0.215	70.7	0.067	22.0
平均	0.335	0.026	7.4	0.246	69.1	0.083	23.5

（二）区域经济差异收敛性分析

1. σ 收敛分析

表3汇报了经过计算得到的长江经济带126个市州整体和分地区的人均 GDP 变异系数。从演变趋势来看，长江经济带整体层面呈现为"小幅下降—小幅上升—快速下降—趋缓下降"的变化趋势。其中，2004—2005 年人均 GDP 变异系数出现小幅下降，2005—2006 年则又出现小幅上升，2006—2015 年处于快速下降阶段，从 2006 年的 0.878 下降至 2015 年的 0.610，降幅达到 30.52%，2015 年之后则进入趋缓下降阶段，直至 2019 年达到 0.588。这表明，长江经济带人均 GDP 地区差异先缩小后扩大再逐步缩小，且期末差异远小于期初差异。分地区来看，上游地区一直处于稳步缓慢下降的变化趋势，从 2004 年的 0.631 下降至 2019 年的 0.419。这表明，上游地区人均 GDP 区域差异一直在逐渐缩小。这可能与西部大开发战略、沿海发达地区产业转移有关。中游地区则呈现倒"U"形变化趋势，人均 GDP 变异系数先从 2004 年的 0.474 增加至 2009 年的最大值 0.551，之后逐渐下降至 2019 年的 0.461。这表明，长江中

游地区人均 GDP 区域差异先扩大后缩小，且期末差异略小于期初差异。下游地区人均 GDP 变异系数变化趋势与长江经济带整体的变化趋势基本保持一致。其中，2004—2005 年出现小幅下降，2005—2006 又出现大幅上升，2006—2014 年则处于快速下降阶段，从 2006 年的 0.721 下降至 2014 年的 0.504，2014 年之后则进入缓慢下降阶段，直至 2019 年达到 0.484。这表明，下游地区人均 GDP 的区域差异呈现波动变化，但总体仍呈缩小态势。总的来讲，长江经济带整体层面和上下游地区层面的经济差异均存在显著的 σ 收敛现象，而中游地区内部人均 GDP 的收敛趋势不太显著。

表 3　　　　　长江经济带区域人均 GDP 变异系数

年份	整体	上游	中游	下游
2004	0.894	0.631	0.474	0.769
2005	0.837	0.581	0.493	0.690
2006	0.878	0.579	0.499	0.721
2007	0.872	0.552	0.505	0.710
2008	0.860	0.554	0.535	0.698
2009	0.839	0.542	0.551	0.694
2010	0.700	0.525	0.537	0.545
2011	0.665	0.494	0.530	0.530
2012	0.654	0.487	0.527	0.527
2013	0.636	0.478	0.519	0.513
2014	0.626	0.471	0.515	0.504
2015	0.610	0.469	0.512	0.499
2016	0.610	0.458	0.507	0.502
2017	0.617	0.464	0.505	0.508
2018	0.621	0.459	0.494	0.511
2019	0.588	0.419	0.461	0.484

根据计算结果可知，除湖南外的其他 8 省人均 GDP 变异系数均呈现下降态势，但变化趋势和幅度各有不同。观测期内下降幅度最

大的是江苏省，从2004年的0.731降至2019年的0.355，其中在2009—2010年出现了最大幅度下降，降幅约33.72%，观测期整体降幅为51.44%。这表明，江苏省在观测期内人均GDP地区差异一直在不断缩小，且在2009—2010年快速缩小。浙江省的人均GDP变异系数在观测期内一直处于所有省份中的最低水平，虽略有起伏，但整体一直保持下降趋势，从2004年的0.394下降至2019年的0.290。这表明，浙江省的人均GDP地区差异最小，并且在观测期内不断缩小。贵州省人均GDP变异系数的变化趋势呈现为"快速下降—趋缓下降"的两阶段态势，2004—2010年属于快速下降阶段，从0.697下降至0.436；2010—2019年降速放缓，从0.436下降至0.348。这表明，观测期内贵州省人均GDP的地区差异在不断缩小。2004—2019年人均GDP变异系数总体呈上升态势的省份只有湖南省，呈现"快速上升—保持稳定—略有下降"的三阶段特征，2004—2009年从0.423增加至0.606，处于快速上升阶段；2009—2017年基本保持稳定；2017—2019年则略有下降。这表明，湖南省人均GDP的地区差异一直在不断扩大，但从2009年开始，差异扩大速度逐渐放缓，直至2017年后开始出现缩小势头。总的来讲，长江经济带多数省份的人均GDP地区差异存在明显的σ收敛趋势。

2. 绝对β收敛分析

根据表4，在传统收敛模型和空间杜宾模型两种模型中，β系数估计值均小于0，且均通过了1%的显著性水平检验。这表明长江经济带经济发展存在绝对β收敛，即在不考虑资源禀赋、经济结构、制度环境等条件差异的情况下，长江经济带内各市州经济增长速度随着时间推移最终会收敛至同一稳态。两种模型下的收敛速度分别为0.027和0.033，可以发现考虑空间效应的收敛速度更快，这表明空间因素对于长江经济带人均GDP的绝对β收敛具有促进作用。在考虑空间影响因素下构造的空间杜宾模型检验结果中，可以看到表征内生交互效应的ρ系数和表征外生交互效应的γ系数均为正值，且都通过了1%的显著性水平检验。这表明，空间影响因素中的内生交互效应和外生交互效应对于长江经济带人均 GDP 的提高具有促进作用，但对经济发展差异的缩小具有抑制作用。

不过，值得注意的问题是，上述对于绝对 β 收敛的考察均是在各地区资源禀赋、经济结构、制度环境等条件完全相同的假设下所做出的估计和判断，但是在实际情况下这些初始条件往往具有较大差异，忽略这些条件将会降低估计结果的准确性。鉴于此，有必要将这些条件加入模型作为控制变量进行估计检验，在此情况下其收敛性是否会出现较大变化呢？因此就需要对该情形下的收敛性进行进一步的检验，即条件 β 收敛。

表4 长江经济带经济发展 β 收敛检验

变量	总体		分地区		
	传统收敛模型	空间杜宾模型	上游	中游	下游
β	-0.334***	-0.393***	-0.692***	-0.294***	-0.134***
	(-18.72)	(-21.27)	(-19.63)	(-9.95)	(-6.10)
ρ	—	0.157***	0.111*	0.144*	0.325***
		(5.47)	(2.38)	(2.55)	(6.05)
γ	—	0.218***	0.359***	-0.245***	0.052
		(8.11)	(5.79)	(-4.30)	(1.75)
控制变量	否	否	否	否	否
空间固定效应	是	是	是	是	是
时间固定效应	是	是	是	是	是
R^2	0.23	0.11	0.12	0.09	0.12
N	1890	1890	705	570	615

注：***表示在1%统计水平下显著；第2列和第4列括号中数值为 T 统计量，第3列和第5列括号中数值为 Z 统计量。

3. 条件 β 收敛分析

表5报告了长江经济带人均 GDP 条件 β 收敛的检验结果。从中

可以发现，在传统收敛模型和空间杜宾模型两种模型中，β系数在1%水平下显著为负。这表明长江经济带经济增长存在条件β收敛，即在要素禀赋、产业结构、开放程度、政府干预等初始条件各有差异的情况下，各市州人均GDP随着时间推移最终也会收敛至各自的稳态水平。与绝对β收敛估计结果相似，被解释变量空间滞后项系数也均在1%水平下显著为正，同样意味着周边市州经济增长对本地经济增长存在正向溢出效应。而且，空间收敛模型估计的收敛速度同样快于传统收敛模型。

表5　　　　　　　长江经济带经济发展条件β收敛检验

变量	总体		分地区		
	传统收敛模型	空间杜宾模型	上游	中游	下游
β	-0.387***	-0.435***	-0.729***	-0.318***	-0.158***
	(-20.38)	(-22.54)	(-20.02)	(-10.64)	(-6.01)
ρ	—	0.142***	0.076	0.131*	0.303***
		(4.91)	(1.58)	(2.31)	(5.50)
γ	—	0.184***	0.256***	-0.287***	0.045
		(6.24)	(3.66)	(-4.70)	(1.35)
控制变量	是	是	是	是	是
空间固定效应	是	是	是	是	是
时间固定效应	是	是	是	是	是
R^2	0.26	0.10	0.10	0.10	0.16
N	1890	1890	705	570	615

注：***表示在1%统计水平下显著；第1列括号中数值为T统计量，第2—5列括号中数值为Z统计量。

分地区来看，第一，上中下游各地区的收敛系数均在1%的显著性水平显著为负，但数值大小具有较大差异，意味着各地区经济发展同样存在条件β收敛，但收敛速度不一，其中上游地区收敛速度最快，中游次之，下游最慢。第二，被解释变量空间滞后项系数均为正，但数值大小和显著性水平存在显著差异，其中下游地区系数最大且最为显著，中游次之且在 10% 水平下显著，上游地区系数最小但不显著。综合来看，即使考虑要素禀赋、产业结构、开放程度、政府干预等初始条件差异，上中下游不同地区内各市州人均GDP随着时间推移最终也会收敛至各自稳态水平，且收敛速度存在"上游快于中游，中游快于下游"的梯度分异特征。

四 主要结论与政策启示

根据上述分析，本文得出的主要结论如下：

第一，从区域差异及变化来看，长江经济带区域经济差异呈现逐渐缩小的态势，且主要源于上中下游不同地区间差异和各省市间差异，地区内部和省域内部差异贡献率相对较小。在区域层面，下游地区人均 GDP 区域差异始终大于中游和上游地区，但在观测期内均呈逐渐缩小态势，且随时间变化相对差异逐渐缩小。在省域层面，除湖南省外的 8 个省份人均 GDP 的区域差异均呈现缩小的态势，浙江省在观测期内的区域差异最小。

第二，从区域经济差异的 σ 收敛特征看，长江经济带整体、上中下游地区和省份经济发展均存在 σ 收敛的现象。在区域层面，下游地区内部差异明显大于中游和上游地区，但是在观测期内均呈现明显的 σ 收敛趋势。在省域层面，除湖南省外的其他省份内部经济发展存在明显的 σ 收敛趋势。比较而言，长江上、下游地区及省份 σ 收敛态势较明显，而长江中游地区及省份 σ 收敛态势相对微弱。

第三，从区域经济差异的 β 收敛特征看，长江经济带区域经济增长均存在绝对 β 收敛和条件 β 收敛现象。从绝对 β 收敛特征看，无论是否考虑空间效应，长江经济带的区域经济增长均呈现显著的收敛趋势，且内生交互效应和外生交互效应对长江经济带区域经济差异的缩小均具有抑制作用。从条件 β 收敛特征看，在考虑各地区资源禀赋、经济结构、制度环境等初始条件各有不同的情况下,长江经济带区域经济增长仍存在显著收敛趋势,且收敛速度相对于绝对 β 收敛均有一定程度的提高。

长江经济带横贯我国东中西三大经济地带,人口数量和经济总量均占全国半壁江山。因此,进一步缩小上中下游地区之间、省域之间的经济差距,不仅对长江经济带整体的协调发展极为重要,而且对提升全国区域发展协调性也具有特殊作用。根据上述分析,我们针对进一步推动长江经济带高水平协调发展提出如下建议:

第一,着力破解上中游地区发展不充分的突出矛盾,为实现更高水平的协调发展创造条件。长江经济带区域经济差异的主要来源是地区间、省域间差异,归根结底还是在于上中游地区发展不充分,与下游地区仍存在较大差距。因此,一方面,要深化实施西部大开发、中部崛起等重大战略,围绕上中游地区产业发展、环境保护、生态修复、城市建设、乡村振兴等重点领域中的薄弱环节和难点问题,研究制定更为全面、精细、有效的实施方案,以更大的决心、更有力的举措推动上中游地区高质量发展。另一方面,要在上中游地区探索生态产品价值实现机制,通过发展绿色产业、横向生态补偿、纵向转移支付等方式,将上中游地区的生态优势和主体功能价值转化为实实在在的经济价值,推动上中游地区绿色崛起。

第二,坚持以区域一体化为重点,加强城市群、都市圈和区域性中心城市建设,推动实现在集聚中促进协调发展。在上游地区,要加强成渝地区双城经济圈建设,促进中心城市人口和产业适度集聚发展,着力提升重庆主城和成都的经济实力、综合竞争力和辐射影响力。在中游地区,要着力打破行政区划壁垒,加大党政干部跨省交流任职的力度,筑牢湖北、湖南和江西三省共同利益联结,提升三省在产业发展、基础设施建设、民生共享等方面协同配合的内在激励,推动长江中游城市群高水平协同发展。在下游地区,要适当疏解上海的非大都市核心功能,着力打造上海都市圈一体化建设先行示范区,鼓励探索城市融合发展新路径,加快形成可复制可推广经验模式，带动杭州都市圈、南京都市圈和合肥都市圈协同发展，共同推动长三角高质量一体化建设。

第三，创新上中下游地区协作模式，推动区域协同发展。一方面，要总结东中西区域协作发展示范区、承接产业转移示范区、"飞地"产业园、省际协商合作机制等既有协作机制平台建设经验，用足用好各项国家政策，大胆改革创新，不断探索上中下游地区协作新模式。另一方面，要研究制定长江经济带区域协调发展相关法律和法规，明确上中下游地区各级政府在推动区域协调发展中的责任和义务，为长江经济带区域协调发展提供坚实的法律保障。

参考文献

蔡昉、都阳：《中国地区经济增长的趋同与差异——对西部开发战略的启示》，《经济研究》2000年第10期。

陈得文、陶良虎：《中国区域经济增长趋同及其空间效应分解——基于SUR-空间计量经济学分析》，《经济评论》2012年第3期。

陈丰龙等：《中国区域经济协调发展的演变特征：空间收敛的视角》，《财贸经济》2018年第7期。

戴觅、茅锐：《产业异质性、产业结构与中国省际经济收敛》，《管理世界》2015年第6期。

邓翔：《增长理论中趋同假说的理论与现实考察》，《经济学动态》2001年第6期。

董雪兵、池若楠：《中国区域经济差异与收敛的时空演进特征》，《经济地理》2020年第10期。

何一峰：《转型经济下的中国经济趋同研究——基于非线性时变因子模型的实证分析》，《经济研究》2008年第7期。

黄少军：《经济增长趋同论述评》，《经济学动态》1997年第10期。

金相郁：《区域经济增长收敛的分析方法》，《数量经济技术经济研究》2006 年第 3 期。

林光平等:《中国地区经济 σ-收敛的空间计量实证分析》,《数量经济技术经济研究》2006 年第 4 期。

林毅夫、刘明兴:《中国的经济增长收敛与收入分配》,《世界经济》2003 年第 8 期。

刘强:《中国经济增长的收敛性分析》,《经济研究》2001 年第 6 期。

刘夏明等:《收敛还是发散？——中国区域经济发展争论的文献综述》,《经济研究》2004 年第 7 期。

潘文卿:《中国区域经济差异与收敛》,《中国社会科学》2010 年第 1 期。

彭国华:《我国地区经济的"俱乐部"收敛性》,《数量经济技术经济研究》2008 年第 12 期。

申海:《中国区域经济差距的收敛性分析》,《数量经济技术经济研究》1999 年第 8 期。

沈坤荣、马俊:《中国经济增长的"俱乐部收敛"特征及其成因研究》,《经济研究》2002 年第 1 期。

师博、任保平:《策略性竞争、空间效应与中国经济增长收敛性》,《经济学动态》2019 年第 2 期。

史修松、赵曙东:《中国经济增长的地区差异及其收敛机制（1978—2009 年）》,《数量经济技术经济研究》2011 年第 1 期。

宋学明:《中国区域经济发展及其收敛性》,《经济研究》1996 年第 9 期。

覃成林:《区域经济增长趋同研究进展》,《经济学动态》2003 年第 3 期。

覃成林、张伟丽:《中国区域经济增长俱乐部趋同检验及因素分析——基于 CART 的区域分组和待检影响因素信息》,《管理世界》2009 年第 3 期。

覃成林等:《空间外溢与区域经济增长趋同——基于长江三角

洲的案例分析》，《中国社会科学》2012年第5期。

王俏茹等：《中国省级经济增长的收敛特征与空间溢出效应检验》，《世界经济文汇》2020年第3期。

王志刚：《质疑中国经济增长的条件收敛性》，《管理世界》2004年第3期。

魏后凯：《中国地区经济增长及其收敛性》，《中国工业经济》1997年第3期。

吴玉鸣：《中国省域经济增长趋同的空间计量经济分析》，《数量经济技术经济研究》2006年第12期。

徐大丰：《我国城市的经济增长趋同吗？》，《数量经济技术经济研究》2009年第5期。

徐现祥、李郇：《中国城市经济增长的趋同分析》，《经济研究》2004年第5期。

杨开忠：《中国区域经济差异变动研究》，《经济研究》1994年第12期。

张传勇、刘学良：《房价对地区经济收敛的影响及其机制研究》，《统计研究》2017年第3期。

张焕明：《扩展的Solow模型的应用——我国经济增长的地区性差异与趋同》，《经济学》（季刊）2004年第2期。

张可云、张颖：《不同空间尺度下黄河流域区域经济差异的演变》，《经济地理》2020年第7期。

张胜等：《中国省际长期经济增长绝对收敛的经验分析》，《世界经济》2001年第6期。

张学良：《长三角地区经济收敛及其作用机制：1993—2006》，《世界经济》2010年第3期。

赵伟、马瑞永：《中国经济增长收敛性的再认识——基于增长收敛微观机制的分析》，《管理世界》2005年第11期。

周国富、夏祥谦：《中国地区经济增长的收敛性及其影响因素——基于黄河流域数据的实证分析》，《统计研究》2008年第

11 期。

周亚虹等:《中国经济收敛速度的估计》,《经济研究》2009 年第 6 期。

周业安、章泉:《参数异质性、经济趋同与中国区域经济发展》,《经济研究》2008 年第 1 期。

朱国忠等:《中国各省经济增长是否收敛?》,《经济学》(季刊) 2014 年第 3 期。

Regional Economic Disparity and Its Convergence in the Yangtze River Economic Belt

WAN Qing   CHEN Haojie

Abstract: The Dagum Gini coefficient, coefficient of variation and β convergence model are used to quantitatively investigate the spatial differences and convergence of economic development in the Yangtze River Economic Belt from 2004 to 2019 from regional and provincial levels. The results show that: (1) The regional differences in per capita GDP of the Yangtze River Economic Belt generally show a narrowing trend. And they mainly come from the differences among different regions in the upper, middle and lower reaches and among different provinces and cities. The contributions of intra-regional and intra-provincial differences are relatively smaller than them. (2) There is σ convergence phenomenon in the overall economic development of the Yangtze River Economic Belt, and the σ convergence trend in the upstream and downstream regions and provinces in them is obvious, but the σ convergence trend in the midstream region and provinces in it is relatively weaker. (3) There are both absolute β convergence and conditional β convergence in the economic growth of the Yangtze River Economic Belt. The economic growth of cities and autonomous prefectures will converge to their steady-state with different resource endowments, economic structures and institutional environments.

Key words: Regional economic differences　Convergence　Dagum Gini coefficient　Yangtze River Economic Belt

（责任编辑：黄磊）

长江流域绿色经济研究

流域生态系统服务价值评估研究

——以三峡库区为例

夏晶晶[*]

摘　要： 流域生态系统是人与自然高度交织并相互影响的复合型生态系统。针对流域尺度生态系统及其功能特征，系统梳理了流域生态系统服务分类及评估方法的研究进展，并以三峡库区为研究区域，开展流域生态系统服务价值评估研究。基于"水资源—水环境—水生态"的分类框架，选取水资源供给、流域水环境容量、水土保持和水源涵养等指标，采用基于市场理论的价值评估方法，系统地评估 2015 年三峡库区生态系统服务价值。结果表明，2015 年三峡库区流域生态系统服务总价值为 5097.73 亿元，其中，直接经济价值、间接经济价值和社会文化价值占比分别为 13.12%、63.12% 和 3.75%。在直接经济价值中，社会经济发展水平较高的区县以水资源供给为主，而重点生态功能区多以水土保持和水源涵养为主。水资源供给和水环境容量服务价值受社会经济因素影响较大，水土保持和水源涵养受自然因素影响较为显著。

关键词： 流域　生态系统服务价值　评估　三峡库区

一　引言

生态系统服务是生态系统形成及所维持的人类生存和发展必不

---

[*] 夏晶晶，武汉理工大学资源与环境工程学院博士后，湖北理工学院专任教师。

可少的环境条件与效用,也可以被定义为人类从生态系统中获得的收益(包括产品和服务)。生态系统服务为自然生态系统和人类社会系统的联系架起了"桥梁",自然生态系统通过提供生态产品和服务维持着地球生命系统和生态环境的动态平衡,保障着人类社会和生态系统的可持续发展;同时人类为了生存和发展而开展的城镇化和工业化活动也会影响自然生态系统的质量和稳定性。党的十九大报告提出,"要提供更多优质生态产品以满足人民日益增长的优美生态环境需要"。1997年《自然的服务:社会对自然生态系统的依赖》一书,对生态系统服务进行定义和分类,并评估了不同地区和生态系统类型的生态系统服务价值,成为生态系统服务研究发展进程中的里程碑事件。同年,Costanza 等在 Nature 期刊上发表著名文章,首次核算了全球生态系统的自然资本价值。这两大研究成果,对生态系统服务进行了详细论述,掀起了生态系统服务的研究热潮。随着我国生态文明建设进程的持续推进,人们逐渐认识到人类社会发展对生态系统服务依赖程度,对生态系统服务的研究和保护也日益受到重视。定量评估生态系统服务对于实现资源环境与社会经济协调可持续发展和保障区域生态系统良性循环极具理论价值和现实意义(MEA,2005)。

  流域以河流为纽带,是由水、土地、生物等生态环境要素与社会、经济等人文要素组成的具有明显物理边界且综合性强的独特地理单元,拥有独特的生态、经济与地理格局。流域内人与自然的复杂交互关系也是生态、经济和社会发展等复杂问题研究的焦点。陆生与水生生态系统镶嵌交错使流域成为一个整体性强、空间异质性高的生态单元。流域水循环过程是维持流域生态系统健康和社会经济持续发展的关键环节。健康的流域生态系统可以为流域居民提供多重生态产品与服务,比如淡水分洪、水质净化、水土保持和固氮释氧等。开展流域尺度生态系统服务价值的研究,有利于认识到流域生态系统在支撑经济建设、维护生态系统健康和保障生态安全方面的地位和作用,便于更好地开展流域综合治理和自然资源资产评估，为多元化流域生态补偿机制构建提供参考。

三峡库区是长江流域的重要生态屏障和我国典型的生态脆弱区。三峡工程建设中巨大的"自然—人工"二元干扰导致库区生态系统受到较大程度的胁迫，并且随着城市化进程加快带来的人口扩张、资源消耗、环境污染和生态系统退化等一系列问题，使库区生态系统变得更加复杂且独特。近年来，库区生态移民、退耕还林还草等生态工程相继实施，库区生态环境有了较大改善，对三峡库区开展流域生态系统服务评估的研究对于三峡工程长期安全运行、整体功能有效发挥，以及流域尺度的生态环境保护和综合管理具有重要的现实意义。

二 流域生态系统服务价值评估文献回顾

20世纪70年代，Walter Westman 首次提出了"自然的服务"概念及其价值评估的概念（Westman，1977）。不久之后 Ehrlich，P. 和 Ehrlich，A.（1981）共同提出了生态系统服务（Ecosystem services）。到20世纪90年代，生态系统服务的研究取得了重大进展。Costanza 等首次针对全球尺度生态系统服务价值进行了评估，其评估思路和方法成为后来诸多研究的依据和参考。2005年，MEA对生态系统服务做了综合而又全面的定义和描述，并基于自然生态系统对人类社会福祉的支撑作用，将其分为供给服务、调节服务、文化服务以及支持服务，后来这一分类得到了学术界的普遍认可。

生态系统服务价值即以经济价值形式体现自然生态系统对人类社会系统的支撑，是结合经济学理论对生态系统服务进行货币化的评估过程（王燕等，2013；刘耕源和杨青，2018；周鹏等，2019）。以 Costanza 等和 MEA 为代表的初期生态系统服务价值评估，旨在尝试提出价值评估的一种范式，然而受当时研究水平和技术手段的限制，研究数据和结果存在较大偏差。随后国内外学者针对生态系结构与过程和生态系统服务功能的关系、生态系统服务理论和分类、生态系统服务及价值的评估方法以及生态系统服务价值与人类福祉及可持续发展之间关系等方面迅速开启了不断深入的研究。由于生态系统结构和类型的复杂性和多样性，许多学者开始深入研究森林（潘鹤思等，2018）、草地（赵苗苗等，2017）、湿地（马煜曦等，2020）、河流（王玲慧等，2015）、荒漠（程磊磊，2013）、海洋（沈满洪和毛狄，2019）等某一生态系统服务功能及其价值。

流域是人与自然高度交织耦合的复合生态系统，流域尺度的生态系统服务研究相对其他生态系统起步较晚，在20世纪90年代由国外率先开展。国际上流域生态系统服务研究主要集中在评估流域水资源、水土保持、减轻灾害等各类生态系统服务价值，权衡分析经济服务和生态服务、流域上游生态保护与下游经济发展的关系，从而为流域管理、土地/水资源利用、经济政策制定等提供科学支撑（Bennett, et al., 2009; Sun, et al., 2017; Grêt-Regamey, et al., 2016）。国内流域尺度的生态系统服务研究相对起步较晚，但也已取得显著的研究成果，从空间范围上，已有关于长江（程建等，2017）、黄河（刘耕源，2020；王尧等，2020）、海河（杨朝晖等，2010）、太湖（闫人华等，2015）、东江（段锦等，2012）、新安江（李冬花等，2021）、东江（高振斌等，2018）等流域生态系统服务价值的研究；从研究视角上，重点评估流域生态系统服务价值的动态变化及其对各种人类活动响应，并开始尝试与流域生态保护补偿机制相联系（严有龙等，2018；范昕等，2021；田义超等，2019）。

流域生态系统服务的分类是价值评估的基础。目前以Costanza、De Groot等以及MEA的分类体系受到的认可度较高，然而由于生态系统本身的复杂性、时空异质性以及评估目的的不同，目前所有分类体系都可能存在一定的局限（张彪等，2010；Sutherland, et al., 2016; Helder, et al., 2017）。目前鲜有针对流域生态系统服务分类的统一认识和系统性研究，主要套用全球或区域尺度的分类体系和方法，难以体现流域生态系统的特性和充分反映其为人类社会发展提供的惠益。流域是兼具自然属性和社会经济功能的复合生态系统，江河为人类提供了生产、生活、生态必需的水资源，沿江河发展和集聚产业和人口，是人类社会发展的必然选择（陈能汪等，2012；Grizzetti, et al., 2016）。水循环是流域区别于其他生态系统的主要特征，水资源也是流域生态系统中最基本、最有决定性的资源。因此，流域生态系统服务的核心体现在以水循环为主的生态系统过程在支撑流域社会经济发展、维护生态系统健康、保障生态环境安全等方面（Gao, et al., 2016；范小杉和何萍，2018）。因此，流域生态系统服务应包含"水资源—水环境—水生态"三个方面。

当前流域生态系统服务价值大多沿用了全球或区域尺度的评估方法，主要可以分为三类。一是基于能值转换的生态系统服务价值评估，其评估思路源于生态系统理论和能量系统理论，基于绝大多数物质和能量均依靠太阳能为能量来源转化而来的事实基础，以能值作为一个共同单位，来评估系统中不同类型的能量与物质等的流动，以此来实现对生态系统服务价值的评估（Odum and Odum, 2012；Egoh, et al., 2011）。二是价值转移法，也叫当量因子法，通过确定基础价值单元得到不同土地利用类型中单位土地面积各类生态系统服务功能的价值标准，并结合土地利用的空间分布来估算某一地区的生态系统服务价值。国际和国内运用价值转移法评估生态系统服务价值多以Costanza等（1997）和谢高地等（2015）的研究为基础，针对研究区生态系统和社会经济发展特征而对价值当量进行相应的调整。价值转移法适用于大区域尺度（如全球或国家）的生态系统服务价值的静态评估，对空间基础数据精度要求较低，因此对于区域生态系统管理政策及措施制定的参考价值有限。三是基于市场理论的生态系统服务价值评估，又叫物质转移法，通过建立多个生产方程模拟区域的各种生态功能，以成本收益分析为理论依据，根据生态系统服务的价格、成本和生产过程进行评估。市场化评估法可以综合分析同一生态系统的不同服务价值和对比不同生态系统的同一项服务价值，估值结果相对准确。国际上开发了一系列通过最终物质转换法开展生态系统服务价值评估的生态学模型，基于生态学数据和物理机理模型，采用地理信息系统和空间建模等"大数据"分析技术，并且实现了各项评估结果的空间可视化（李丽等，2018）。

三　流域概况

三峡库区介于东经 105°49′—111°40′，北纬 28°31′—31°44′，地处我国中西部结合地带，流域面积达 $6.96×10^4$ 平方千米，范围涉及重庆、湖北两地的 32 个县（市、区）。三峡工程正式运行后，水位在 145—175 米进行周期性波动，水位达到 175 米时，库容达到 393 亿立方米，是我国特大型水库。本文的评估范围为从上游重庆朱沱断面至下游宜昌三峡大坝之间的流域集水范围，其中乌江只包括武隆断面以下集水区，嘉陵江只包括了北碚断面以下的集水区域，其余支流包含了整个集水范围。

（一）生态功能重要性

三峡库区是我国中西部地区重要的生态屏障和生态走廊，也是关系到长江流域生态安全的全国性生态屏障地区，生态地位极其重要，是中国乃至世界最为特殊的生态功能区之一。在《全国主体功能区规划》中三峡库区被划分为"三峡库区水土保持生态功能区"，具有重要的洪水调蓄功能，其发展方向为巩固移民成果，恢复植被，涵养水源以及保护生物多样性。2015 年，原环境保护部修编的《全国生态功能区划》中，三峡库区被调整为"三峡库区土壤保持重要区"，对整个长江流域土壤保持、水源涵养等生态服务功能具有重要意义。

（二）自然环境状况

三峡库区地处四川盆地与长江中下游平原的结合部，地貌上处于三大构造交汇地带，切割褶皱频繁，形成了独特的峡谷地貌和闻名世界的长江三峡。地形以山地和丘陵为主，呈现"东高西低"的格局，海拔落差高达3032米。库区水系发达，除长江干流和嘉陵江、乌江外，澎溪河、大宁河等流域在1000平方千米以上的支流有19条。气候属中亚热带湿润季风气候，季节性特征明显，年平均气温为17.9℃，年平均降雨量约为1000—1200毫米，光热资源条件较差，年平均日照时数仅为1500小时左右。20世纪90年代以来，三峡库区先后实施了长江流域防护林工程、退耕还林还草工程等重点生态工程，培育水源涵养林和水土保持林，因此库区植被丰富，有常绿针（阔）林、落叶针（阔）林、经济果林、农作物等。

（三）社会经济状况

三峡工程的建设给库区工业化、城镇化发展带来了机遇，国家对三峡库区的对口支援，进一步促进了三峡库区产业化、城镇化发展。受自然生态条件和发展基础的限制，流域内经济发展水平地区差异明显。根据2016年统计资料，三峡库区共有常住人口1479.44万人，城镇化率达56.52%，全年实现地区生产总值（GDP）7761.47亿元。

四　评估指标与方法

（一）评估指标与数据来源

综合流域生态系统服务的特征和三峡库区的生态环境优势，选取水资源供给、流域水环境容量、水土保持和水源涵养四项指标来评估三峡库区生态系统服务价值，基础数据类型及来源如表1所示。水资源供给服务评估所需的基础数据来源于重庆市水资源公报，包含生产用水、生活用水和生态环境用水数据；流域水环境容量评估所需的流域水系图来源于长江水利委员会水文局，30米分辨率的数字高程地图来源于地理空间数据云平台，1∶1000000 的土地利用数据来源于地球系统科学数据共享平台，1∶1000000 的土壤数据来源于全国生态环境调查数据库，点源数据来源于生态环境部环境规划院的调查资料；水源涵养服务评估所需的降雨、蒸散发数据（1 千米分辨率）和生态系统类型数据分别来源于中国气象科学数据共享服务网、国家生态系统观测研究网络科技资源服务系统和全国生态状况遥感调查与评估成果；水土保持服务评估所需的数据来源与流域水环境容量和水源涵养部分数据来源一致。

表1　三峡库区流域生态系统服务评估基础数据类型及来源

数据名称	属性	分辨率	来源
生产用水	文本	区县	水资源公报
生活用水	文本	区县	水资源公报
生态环境用水	文本	区县	水资源公报
水系	SHAPE矢量	1∶1000000	长江水利委员会水文局
数字高程地图	栅格	30米	地理空间数据云网站
土地利用	SHAPE矢量	1∶1000000	地球系统科学数据共享平台
土壤数据集	SHAPE矢量	1∶1000000	全国生态环境调查数据库
点源	文本	—	生态环境部环境规划院
蒸散发数据集	栅格	1千米	国家生态系统观测研究网络科技资源服务系统网站
降雨	文本/栅格	1千米	中国气象科学数据共享服务网
生态系统类型数据	SHAPE矢量	—	全国生态状况遥感调查与评估成果

资料来源：笔者根据资料整理所得。

（二）评估方法

1. 功能量评估

（1）水资源供给。水资源是流域内最重要的生产要素之一，是人类生存与社会经济发展的重要支撑，因此水资源服务也是流域居民和管理者最关心的生态系统服务类型，包括工农业和商业用水、市政用水、娱乐休闲等。本文将流域水资源服务进一步分为生产用水、生活用水和生态环境用水，与水资源公报的统计口径一致。

（2）流域水环境容量。目前流域生态系统服务主要考虑水资源服务和水生态服务两大类而在水环境支撑流域社会经济发展和人民福祉方面的作用考虑不足。流域水环境容量即在设计水文条件和规定的环境目标下所能容纳的最大污染物量，反映了流域生态系统对人类生活生产的支撑能力，可用于指导优化区域生产力宏观布局与调整产业结构。流域水环境容量受污染物特性、受纳水体的水质目标和水体特征等因素的综合影响，本文选用点、面源污染负荷结合的方法来核算三峡库区流域水环境容量，其中点源污染负荷源于生态环境部规划院的调查数据，面源污染负荷采用流域分布式非点源模型来计算。具体计算方法如式（1）所示。

$$L_x = 86.4 Q_n T_m C_0 - M_n \tag{1}$$

其中，L_x 表示流域某控制单元的流域水环境容量（t）；Q_n 表示河道断面流量（m³/s）；T_m 表示当月天数（d）；C_0 表示断面水质目标（mg/L）；M_n 表示该控制单元的污染物负荷（t）。

（3）水土保持。水土保持是森林、草地等地表植被具有的防治与减少土壤侵蚀功能。采用修正通用水土流失方程（RUSLE），建立降雨侵蚀力、土壤可蚀性、坡长坡度和地表植被覆盖等指标体系，以潜在和实际土壤侵蚀量的差值来表征，计算方法如式（2）至式（4）所示。

$$A_p = R \cdot K \cdot LS \tag{2}$$

$$A_r = R \cdot K \cdot LS \cdot C \cdot P \tag{3}$$

$$A_c = A_p - A_r = R \cdot K \cdot LS \cdot (1 - C \cdot P) \tag{4}$$

其中，A_p 表示自然条件下的土壤侵蚀量（t/hm²·a）；A_r 表示在管理和工程措施保护下的实际土壤侵蚀量（t/hm²·a）；A_c 表示水土保持量（t/hm²·a）；R 表示降雨侵蚀因子（MJ·mm/hm²·h·a），根据气象数据计算得到；K 表示土壤可蚀性因子（t·hm²·h/hm²·M·mm）；LS 表示坡长坡度因子；C 表示植被覆盖和管理因子；P

表示土壤保持措施因子。

（4）水源涵养。水源涵养服务量采用基于 Budyko 水热耦合平衡原理建立的水量平衡方程来评估，以降水量与实际蒸散量之差作为流域水源涵养功能量，计算方法如式（5）所示。

$$TQ = \sum_{i=1}^{j}(P_i - R_i - ET_i) \cdot A \tag{5}$$

其中，TQ 表示水源涵养量（m^3）；P_i 表示降雨量（mm）；R_i 表示地表径流量（mm）；ET_i 表示蒸散发量（mm）；A_i 表示第 i 类生态系统的面积；j 表示研究区生态系统类型数。

2. 价值量评估

三峡库区流域生态系统服务价值由三个部分组成：第一部分为由于水资源供给等生态系统服务的价值可以在市场经济体系中得到量化而产生的直接经济价值；第二部分为间接的隐形价值，由于人们在生产活动中利用了生态系统服务而获得的经济效益，体现在国民生产总值中；第三部分为"非消费性"价值，体现在自然生态系统对于人们在精神、道德、教育、审美等方面形成的价值观，可通过社会发展水平和受教育程度来体现。

（1）直接经济价值。第一，水资源供给，采用市场价值法计算流域水资源供给服务价值，如式（6）所示。

$$V_{wr}\sum_{i=1}^{n} WP_i \cdot Q_i \tag{6}$$

其中，V_{wr} 表示水资源服务价值（元）；WP_i 表示 i 种用途的供水水价（元/t）；Q_i 表示第 i 种用途用水量（t），i 表示水资源用途，分别为生产用水、生活用水和生态环境用水。

第二，流域水环境容量。流域水环境容量的直接经济价值体现为由于水环境容量存在为节省的污水处理费用，采用替代工程法计算，如式（7）所示。

$$V_{wec}\sum_{i=1}^{n} P_{ci} \cdot M_i \tag{7}$$

其中，V_{wec} 表示污水处理替代费用（元），即流域水环境容量的直接经济价值（元）；P_{ci}表示第i种污染物的单位处理成本（元/t）；M_i表示第i种污染物的流域水环境容量（t），i表示污染物的种类，包括化学需氧量（COD）、氨氮（NH_3-N）、总氮（TN）和总磷（TP）。

第三，水土保持。水土保持服务价值由维持土壤肥力和减轻泥沙淤积两部分组成，采用机会成本估算法，分别由式（8）和式（9）来计算。

$$V_{AC1} = \sum_{i=1}^{n} A_c N_i P_i \tag{8}$$

$$V_{AC2} = A_C B / (1000 d\rho) \tag{9}$$

其中，V_{AC1}、V_{AC2}分别表示保持土壤养分价值（元/a）和减少泥沙淤积的价值（元/a）；A_c表示土壤保持量（t/a）；N_i表示土壤氮、磷、钾的纯含量；P_i表示化肥（尿素、磷酸氢二铵和氯化钾）价格（元/t）；B表示单位土地面积收益（元/hm^2）；d表示土壤平均厚度（m）；ρ表示土壤平均容重（t/m^3）。

第四，水源涵养。水土保持服务价值采用替代工程法估算，计算式如式（10）所示。

$$V_{TQ} = TQ \cdot P_R \tag{10}$$

其中，V_{TQ}为水源涵养服务价值（元）；TQ为水源涵养服务量（m^3）；P_R为单位库容水库的建造成本（元/m^3）。

（2）间接经济价值。流域生态系统服务的间接经济价值表现水资源和水环境作为生产要素，为社会扩大再生产以及人民生活水平的提高提供的基础支撑，通过估算水资源和流域水环境容量在生产要素的占比来估算。

（3）社会文化价值。流域生态系统服务的"非消费性"主要为社会文化价值，可通过条件价值法利用社会发展水平和受教育程度来进行估算，如式（11）所示。

$$V_{cul} = e^{b+\alpha_1 CR + \alpha_2 SA + \alpha_3 IC} \tag{11}$$

其中，V_{cul}表示流域生态系统服务的社会文化价值（元）；CR

表示城市化率（%）；SA 表示居民平均的文化层次（年）；IC 表示家庭年收入（元）；b 表示估计的误差扰动项；α_1、α_2 和 α_3 为常数。

五 评估结果与讨论

（一）评估结果

1. 生态系统服务功能量

（1）水资源供给。2015 年三峡库区水资源供给总量为 63.73 亿立方米，其中生产用水 50.84 亿 m³，生活用水 12.12 亿立方米，生态环境用水 0.77 亿立方米，占比分别为 79.77%、19.02% 和 1.21%。各区县用水量范围在 4105 万—87544 万立方米，具体如图 1 所示。三峡库区水资源供给服务量较高的区域主要分布在库区上游重庆市主城区周边"一小时经济圈"区域和库区腹地万州区等社会经济和人口集聚程度较高的区域。生产用水占水资源供给服务的主要部分，除渝中区外，其余区县生产用水均超过总用水量的 60%。生产用水中，都市核心区用水以生活用水为主，都市核心区以外的区域以工业用水为主，库区腹地及东部发展水平较低的区域以农业用水为主。生活用水量较高的区域整体上集中在库尾主城区和库区腹地万州区等人口密集的区域。生态环境用水相对较低的区域基本都为重点生态功能区，生态环境本底条件较好。生态环境用水量较高的区域主要分布在库尾重庆市主城区周边和库区腹地万州区等社会经济发展程度较高的区域。这些区域开发强度较大，留存的生态空间相对较少，需要通过人为措施补给生态环境用水的需求量也较高。

（2）流域水环境容量。采用枯水期 90% 保证率的最枯月（2010 年 2 月）流量进行三峡库区流域水环境容量计算，进而计算三峡库区流域水环境容量价值。三峡库区各区县流域水环境容量及其价值如图 2 所示，COD、TP、TN 和 NH_3-N 流域水环境容量分别为：

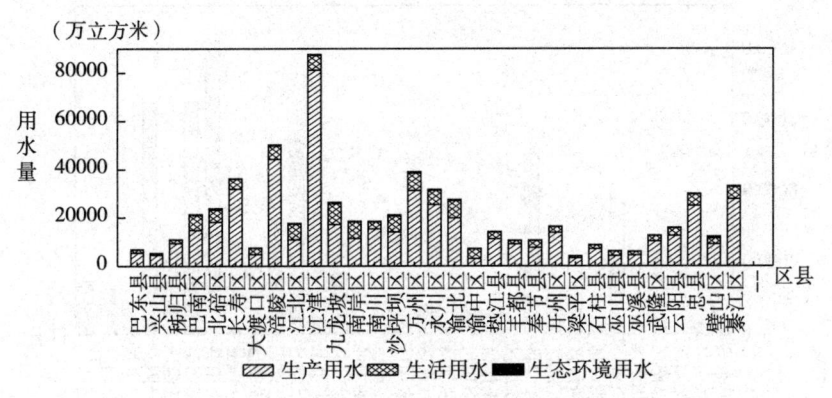

18.91万吨/年、5534.10吨/年、845.61吨/年、9110.81吨/年,水

图1 2015年三峡库区各区县用水组成

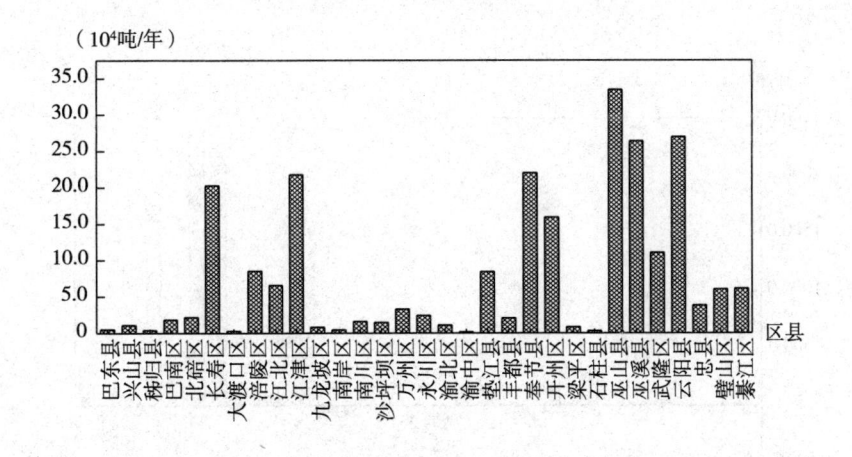

图2 三峡库区流域化学需氧量水环境容量

环境容量价值为1551.81亿元。总体上看三峡库区在满足水质目标的基础上能够继续容纳一定量的污染物排放,尚能支撑流域的经济社会发展需求。但仍有部分区县,如万州、永川、璧山等TN和TP的剩余水环境容量为负值,亟须进一步加强面源污染控制措施。

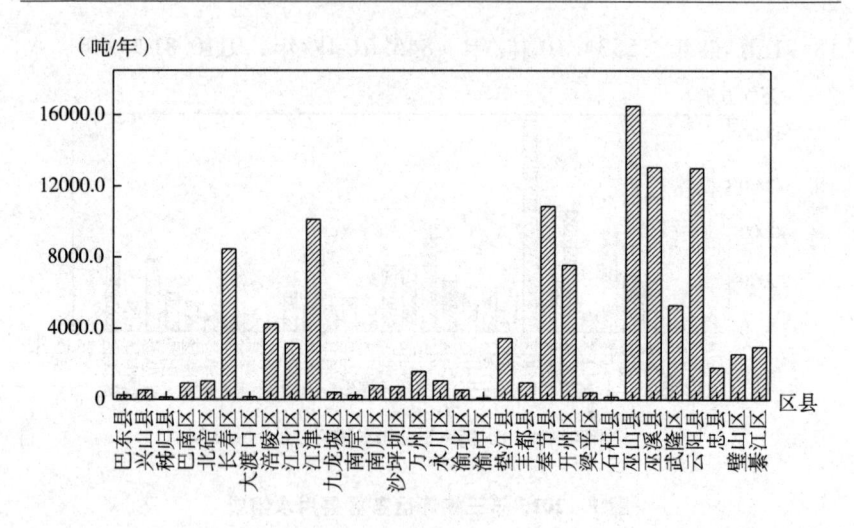

图 3 三峡库区流域氨氮水环境容量

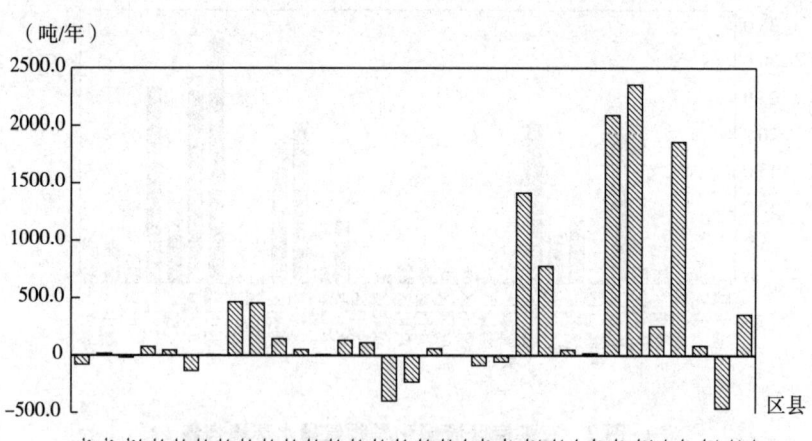

图 4 三峡库区流域总氮水环境容量

从流域水环境容量核算结果来看，三峡库区水生态环境承受较大压力。三峡水库形成后，极大地改变了河道的水文条件，水流速度减缓，不利于污染物迁移扩散。2011年，《三峡后续工作规划》

出台，三峡工程进入正常运营状态后，首要发展任务由正式蓄水前的工程建设和移民转变为成库后库区促进移民安稳致富和减缓工程建设带来的不利影响，更好地发挥三峡工程的综合效益。随着三峡库区城市化进程的快速推进，流域生态系统受到的人为干扰日益加剧，水环境保护形势发生巨大变化。一方面，三峡工程建设以来，库区经济获得较快发展，城镇化率的提高导致了城镇人口的增加，但同时也加大了污染物的来源和排放量，环境污染压力随之增大；另一方面，三峡库区地形地貌与岸坡地质结构复杂，上游区域的水土流失导致土壤侵蚀量和入库泥沙量增加，使库区非点源污染风险仍处于较高水平。

（3）水土保持。三峡库区水土保持服务量为102.54亿吨/年，各区县水土保持服务如表2所示。受不同环境因素的影响，库区水土保持服务量呈现由东北向西南减少的趋势。东部及东北部山区地势高，土壤可侵蚀性强，但土地利用类型以林草地为主，植被覆盖度较高并且受人类活动影响程度较低，因此水土保持服务量较高，主要在巫溪、开州和云阳等区县。西部重庆市主城区及其周边地区，地势相对平坦，土壤可侵蚀性低，但大部分为耕地，土壤易侵蚀，因此水土保持服务量处于较低水平。

表2　　　　　　　　三峡库区各区县水土保持服务

区县	水土保持服务（10^8吨）	区县	水土保持服务（10^8吨）
巴东县	3.27	开州区	6.89
兴山县	3.85	梁平区	1.32
夷陵区	0.50	石柱土家族自治县	4.14
秭归县	3.85	巫山县	4.81
巴南区	2.01	巫溪县	9.68
北碚区	0.72	武隆区	2.71
长寿区	1.04	云阳县	6.27
大渡口区	0.07	忠县	2.27

续表

区县	水土保持服务（10^8吨）	区县	水土保持服务（10^8吨）
涪陵区	3.38	璧山区	0.38
江北区	0.18	万州区	4.90
江津区	3.55	永川区	0.50
九龙坡区	0.25	渝北区	1.41
南岸区	0.22	渝中区	0.02
南川区	3.33	垫江县	0.83
沙坪坝区	0.25	丰都县	4.58
奉节县	6.26	大竹县	0.81
綦江区	4.32	开江县	0.21
赤水市	0.13	建始县	0.45
桐梓县	3.66	利川市	1.88
习水县	0.79	邻水县	1.81
合江县	2.12	神农架林区	2.71
泸县	0.06	长阳土家族自治县	0.14
合计			102.54

（4）水源涵养。2015年三峡库区水源涵养服务量较高，达到431.40亿立方米，各区县水源涵养服务量如表3所示。水源涵养服务受降雨、土地利用和植被覆盖等多种因素的影响，呈现较大的空间差异。山地区域水源涵养服务量较高，明显优于地势平缓地区。渝东北大巴山区、渝东南武陵山区的林区海拔较高，坡度较陡，植被覆盖度较高，人口相对较少，水源涵养服务量相对较高，主要在奉节、开州、巫溪、云阳等区县。重庆市主城区及周边地区处于低山、河谷盆地，地势平缓，区域水源涵养服务量相对较低。

表3　　　　　　　2015年三峡库区各区县水源涵养服务

区县	水源涵养服务（10^8立方米）	区县	水源涵养服务（10^8立方米）
巴东县	11.31	开州区	24.54
兴山县	12.38	梁平区	9.52

续表

区县	水源涵养服务（10^8立方米）	区县	水源涵养服务（10^8立方米）
夷陵区	1.75	石柱土家族自治县	16.83
秭归县	14.19	巫山县	19.15
巴南区	10.77	巫溪县	23.73
北碚区	3.72	武隆区	10.05
长寿区	8.89	云阳县	22.45
大渡口区	0.28	忠县	14.30
涪陵区	20.41	璧山区	3.80
江北区	0.63	万州区	21.97
江津区	19.13	永川区	6.23
九龙坡区	1.54	渝北区	7.83
南岸区	0.79	渝中区	0.01
南川区	13.88	垫江县	10.13
沙坪坝区	1.55	丰都县	19.21
奉节县	26.33	大竹县	6.57
綦江区	15.42	开江县	1.09
赤水市	0.41	建始县	1.60
桐梓县	9.86	利川市	9.44
习水县	2.47	邻水县	11.67
合江县	6.85	神农架林区	6.75
泸县	1.24	长阳土家族自治县	0.73
合计		431.40	

2. 生态系统服务价值

2015年三峡库区流域生态系统服务总价值为5097.73亿元，其中直接经济价值、间接经济价值和社会文化价值分别为668.92亿元、3217.94亿元和1210.87亿元，占比分别为13.1%、63.1%和23.75%，可见经济价值占三峡库区流域生态系统服务的主要部分。各区县流域生态系统服务价值在45.48亿—409.73亿元，如图5所示。三峡库区生态系统服务价值空间分异明显，生态系统服务价值较高区县为渝北区、九龙坡区、万州区、涪陵区和渝中区，这些地区人口密集、经济相对发达，生态系统服务的经济效益明显。生态系统服务价值较低的区域主要在巴东县、兴山县、秭归县、石柱县等林草资源相对丰富、生态环境资源较好的地区，这些地区生态系统服务的直接经济价值相对较高，但由于水土资源基础较差，资源环境承载能力较弱，导致间接经济效益和社会文化价值较低。

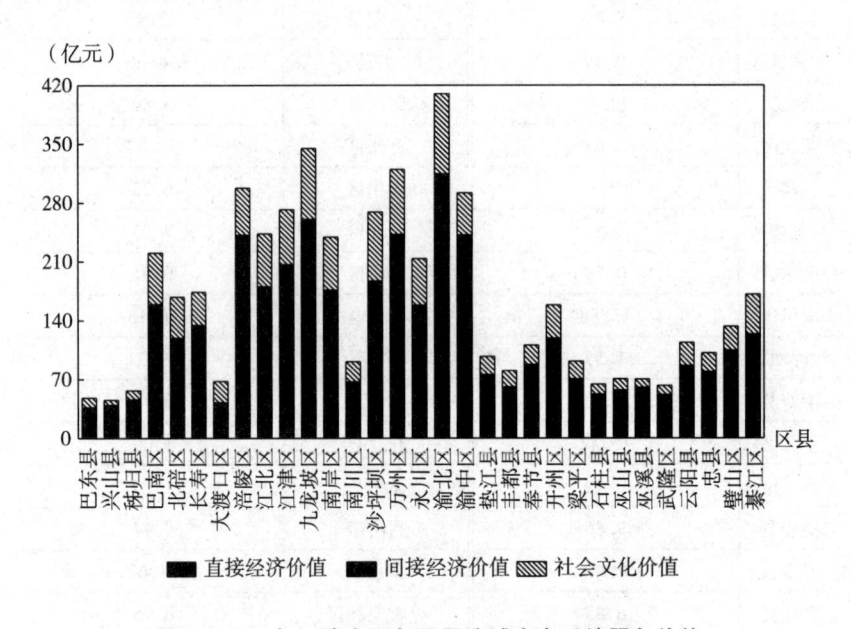

图5 2015年三峡库区各区县流域生态系统服务价值

在流域生态系统服务直接经济价值中，水资源供给、流域水环境容量、水土保持和水源涵养服务价值分别为203.19亿元、94.94亿元、122.23亿元和248.55亿元。其中，水源涵养服务价值最高，其次为水资源供给服务价值，流域水环境容量服务价值最低。各区县流域生态系统服务直接经济价值如图6所示。流域生态系统服务直接经济价值较高的区域集中分布在东部、西南部等林草资源相对丰富、本底情况较好的区域；流域生态系统服务直接经济价值较低的区域主要分布在人口密集、经济发达的中西部地区，生态系统服务本底情况较差。重庆市主城区及其周边社会经济水平较高的地区流域生态系统服务价值以水资源供给服务为主，其中渝中区水资源供给服务占比高达95%以上。库区东北部巴东县、兴山县等生态本底较好的重点生态功能区流域生态系统服务直接价值以水土保持和水源涵养服务为主。

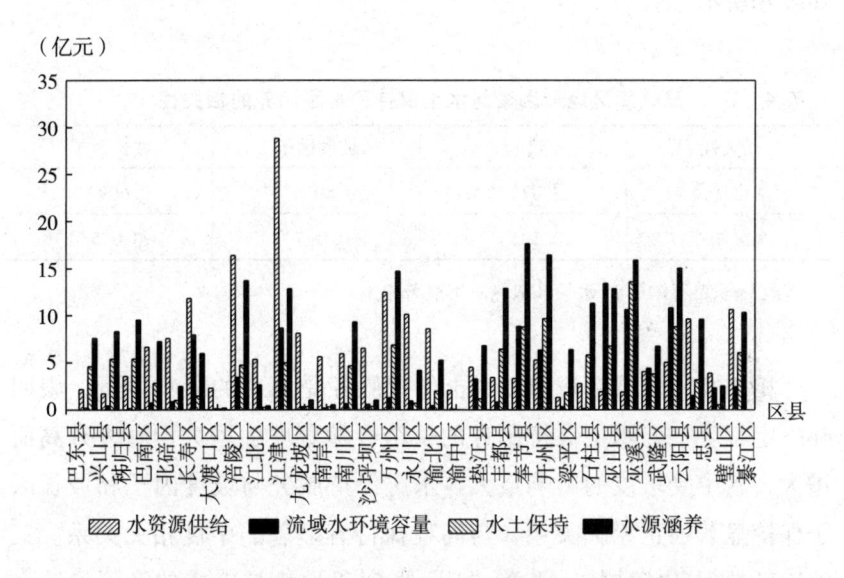

图6　2015年三峡库区各区县流域生态系统服务直接经济价值

（二）影响因素分析

流域生态系统服务价值受自然、社会经济等多方面因素共同影响，且生态系统服务与影响因素之间存在复杂的关系。参考其他学者的相关研究，本文选取地形条件、降雨和气温、土地利用及社会经济条件等影响因子，分析流域生态系统服务的空间异质性及其影响机制。在分析自然因素的影响机制时，为使生态系统服务与影响因子在空间上相对应，利用ArcGIS 10.2的随机采样功能，在三峡库区范围内随机选取100万个空间网格点，获取每个网格点上的影响因素和生态系统服务量对应的值，然后利用SPSS 21.0软件进行流域生态系统服务量与影响因素之间的相关性分析。

1. 地形因素

地形是影响三峡库区水土保持和水源涵养等生态调节服务空间异质性的最主要驱动力因子。以高程、坡度因子和坡长因子为代表的地形影响因子与库区水土保持和水源涵养服务的相关性分析结果如表4所示。

表4　三峡库区地形因素与水土保持和水源涵养的相关性

相关性	高程	坡度因子	坡长因子
水土保持	0.373**	0.897**	0.609**
水源涵养	0.195**	-0.095**	-0.075**

注：**表示在0.01水平（双侧）下显著相关。

相关性分析结果表明，水土保持服务受地形的影响显著，表明在一定程度上，水土保持服务的供给会随着坡度增大、海拔升高而增大，其中受坡度的影响最大。水土保持服务与坡度因子和坡长因子保持显著强正相关关系，与高程保持着显著的中度相关关系。三峡库区地理环境独特，上游"V"形河谷地势与丰富的降雨量结合使该区域具有较高的水土流失潜力，但同时地形起伏大、海拔较高且人类活动强度相对较低，分布有大量的天然阔叶林和针叶林，森林覆被率较高，可显著减缓水土流失，其土壤保持服务较高。此外，在库区腹地北部和中东部坡度较大的地区，分布着大量的容易发生侵蚀的土壤类型，这也是影响水土保持服务的主要原因之一。因此，亟须根据流域地形条件制定差异化土壤保持措施，对坡耕地进行退耕还林，对陡坡面进行植被修复，植树造林，降低地表径流，减少大面积水土流失，增加水土保持。

从表4来看，水源涵养服务受高程等地形因素的影响显著，但与坡度和坡长的相关性较低。三峡库区地理环境独特，生态系统结构的垂向分布有明显的层次性，海拔较高的区域分布有大量的天然阔叶林和针叶林，植被森林覆被率也较高，且对降水截留作用比较大，因此，水源涵养服务较高。但由于生态系统水源涵养服务的变化主要是降雨量、地形条件和下垫面特征综合作用的结果，在降雨和下垫面的影响下，水源涵养服务与地形条件的相关性分析结果也会受到影响。

2. 气象因素

气象条件对流域生态系统及其服务功能的影响主要体现在温度和降水的变化上。除了地形因素外，气象条件也是影响水土保持和水源涵养服务的最主要因素。气象因素的改变，会对生态系统及其组分发挥生态调节功能带来影响。三峡库区水土保持和水源涵养服务与降雨和气温的相关性分析结果如表5所示。

表5　三峡库区气候条件与水土保持和水源涵养的相关性

相关性	降雨	气温
水土保持	-0.158**	-0.379**
水源涵养	0.754**	-0.180**

注：**表示在0.01水平（双侧）下显著相关。

降雨和气温对水土保持和水源涵养服务的影响作用较为显著，但对两种服务类型的作用机制存在差异。水土保持与降雨和气温均保持负相关关系，表明在一定程度上，水土保持服务的供给会随着降雨和气温的升高而降低。水源涵养与降雨保持着显著的强正相关关系（R=0.754**），而与气温保持着显著的弱负相关关系（R=-0.180**），表明在一定程度上，水源涵养服务随降雨量的增加而升高，随气温的升高而降低。降雨是土壤侵蚀的触发条件，降雨量高的区域其潜在土壤侵蚀量也较高，可能会使土壤保持量也较高，另外，降雨量的增加可能会加剧土壤侵蚀，从而导致土壤保持量减少。此外，除了降雨量，次降雨强度、降雨频率和季节性降雨格局对水土保持服务的空间差异性也会产生较大影响。

3. 土地利用/植被覆盖

生态系统服务空间异质性及其演化规律受到土地利用变化的直接影响。一般来说，林地和水域能够提供更高生态系统服务，贡献的生态系统服务价值较多。而三峡库区水土保持和水源涵养服务主要由林地和耕地提供，这其中有部分原因是因为这两类土地利用类型在三峡库区总土地面积中的占比较大。水土保持服务中，林地和耕地提供的服务量占比分别为67.07%和20.67%，林地植被覆盖度较高，能够起到拦截雨水、降低雨滴动能，减少土壤侵蚀和降低水土流失的作用，而耕地土壤大多是易于发生侵蚀的类型，潜在的土壤侵蚀量较高，也会导致水土保持量较高。水源涵养服务中，林地和耕地提供的服务量占比分别为60.59%和29.48%。

4. 社会经济因素

除自然因素之外，人类活动引起的社会经济状态变化也会引起流域生态系统服务价值的变化。由于县域是国家最基本的行政和经济单元，因此，本文在县域尺度开展社会经济因素对流域生态系统服务的影响分析，具体指标选取城镇化率、人口密度和地均经济密度，结果如表6所示。

表6　三峡库区社会经济发展水平与流域生态系统服务的相关性

相关性	水资源供给	流域水环境容量	水土保持	水源涵养
城镇化率	0.440*	-0.513**	-0.731**	-0.703**
人口密度	0.365*	-0.315	-0.823**	-0.764**
地均经济密度	0.452*	-0.320	-0.810**	-0.748**

注：*、**分别表示在0.1和0.05水平下显著相关。

相关性分析结果表明，城镇化率、人口密度和地均经济密度等社会经济因子对三峡库区生态系统水资源供给、水环境容量、水土保持和水源涵养服务等均有不同程度的影响，其中社会经济因素对水资源供给服务的影响为正效应，对其他三种服务类型则为负效应。三种社会经济因子与水资源供给服务均保持着显著的正相关关系，反映了人口增长和流域经济发展对水资源的需求日益增大。由于本文对水资源供给服务的评估是以区县的实际用水量来反映，因此与人口和经济的增长趋势较为一致。生产用水是三峡库区水资源供给服务的主要类型，积极探索提高水资源利用率和用水效率来避免水资源的过度开发利用，实现水资源高效集约化利用，对于流域可持续发展尤为重要。三种社会经济因子与流域水环境容量服务均保持着负相关关系，但仅有城镇化率与水环境容量之间的负效应比较显著，城镇化发展带来一系列的资源消耗及环境污染问题严重损害了生态系统服务功能。三种社会经济因子与水土保持和水源涵养这两类以水循环过程为主的生态调节服务保持着显著的强负相关关系，可见在三峡库区，社会经济发展给生态系统的调节功能带来显著的不利影响。

六　结语

（1）2015年三峡库区流域生态系统服务总价值为5097.73亿元，其中经济价值占三峡库区流域生态系统服务的主要部分。直接经济价值中，各类型生态系统服务价值由高到低依次为水源涵养>水资源供给>水土保持>流域水环境容量。重庆市主城区及其周边社会经济水平较高的地区流域生态系统服务价值以水资源供给服务为主，库区东北部和中部生态本底较好的重点生态功能区流域生态系统服务直接价值以水土保持和水源涵养服务为主。

（2）流域生态系统服务价值受自然、社会经济等多方面因素共同影响，且各项生态系统服务与自然和社会影响因子之间呈不同的相关关系。其中，社会经济因子与水资源供给服务之间呈显著的正效应影响，可见三峡库区人口增长和经济发展对水资源的需求和依赖程度较高。流域水环境容量受到城镇化率的影响较为显著。水土保持和水源涵养等以水循环为主的生态调节服务受到自然因素和人类活动的综合影响。

（3）本文的不足之处在于在选取生态系统服务评估指标时，主要考虑到以水循环过程和水文生态过程中的主要服务类型，未选取与生物相关的指标，评估指标不够全面。此外，航运功能也是流域生态系统服务区别于其他流域的重要特征。另外，本文较好地揭示了三峡库区流域生态系统服务价值及其空间分布格局，并对其影响因素开展了定量分析，但未对其动态变化规律进行研究。下一步将从完善评估指标体系和揭示动态变化特征两个方面对三峡库区流域生态系统服务进行深入研究。

参考文献

陈能汪等：《流域生态系统服务研究进展与展望》，《生态与农村环境学报》2012年第2期。

程磊磊等：《荒漠生态系统服务价值评估研究进展》，《中国沙漠》2013年第1期。

范小杉等：《河流生态系统服务研究进展》，《地球科学进展》2018年第8期。

李丽等：《生态系统服务价值评估方法综述》，《生态学杂志》2018年第4期。

刘耕源、杨青：《生态系统服务价值非货币量核算：理论框架与方法学》，《中国环境管理》2018年第4期。

马煜曦等：《崇明环岛湿地生态服务价值核算及其不确定性》，《生态学杂志》2020年第6期。

潘鹤思等：《森林生态系统服务价值评估方法研究综述及展望》，《干旱区资源与环境》2018年第6期。

沈满洪、毛狄：《海洋生态系统服务价值评估研究综述》，《生态学报》2019年第6期。

王玲慧等：《河流生态系统服务价值评价综述》，《中国人口·资源与环境》2015年第S1期。

王燕等：《生态系统服务价值评估方法述评》，《中国人口·资源与环境》2013年第S2期。

谢高地等：《基于单位面积价值当量因子的生态系统服务价值化方法改进》，《自然资源学报》2015年第8期。

赵苗苗等：《青海省1998—2012年草地生态系统服务功能价值评估》，《自然资源学报》2017年第3期。

周鹏等：《生态系统服务价值测度模式与方法》，《生态学报》2019年第15期。

Bennett, E. M., et al., "Understanding Relationships among Multiple Ecosystem Services", *Ecology Letters*, Vol. 12, No. 12, 2009.

Costanza, R., et al., "The Value of the World's Ecosystem Services and Natural Capital", *Nature*, Vol. 6630, No. 387, 1997.

Daily, G. C., Nature's Services: Societal Dependence on Natural Ecosystems, *Washington D C: Island Press*, 1997.

De Groot, R. S., et al., "A Typology for the Classification, Description and Evaluation of Ecosystem Functions, Goods and Services", *Ecological Economics*, Vol. 41, No. 3, 2002.

Egoh, B. N., et al., "Identifying Priority Areas for Ecosystem Service Management in South African Grasslands", *Journal of Environmental Management*, Vol. 92, No. 6, 2011.

Ehrlich, P., Ehrlich, A., "Extinction: The Causes and Consequences of the Disappearance of Species", *The Quarterly Review of Biology*, Vol. 57, No. 343, 1981.

Ehrlich, P. R., Mooney, H. A., "Extinction, Substitution, and Ecosystem Services", *BioScience*, Vol. 33, No. 4, 1983.

Gao, J., et al., "The Impact of Land-use Change on Water-related Ecosystem Services: A Study of the Guishui River Basin, Beijing, China", *Journal of Cleaner Production*, Vol. 163, 2016.

Grizzetti, B., et al., "Assessing Water Ecosystem Services for Water

Resource Management", *Environmental Science & Policy*, Vol. 61, 2016.

Grêt-Regamey, et al., "Integrating Ecosystem Services into Spatial Planning—A Spatial Decision Support Tool", *Landscape and Urban Planning*, Vol. 165, 2016.

Helder, G., et al., "Indicators of Ecosystem Services in a Military Atlantic Forest Area, Pernambuco - Brazil", *Ecological Indicators*, Vol. 80, 2017.

Millennium Ecosystem Assessment (MEA), *Ecosystems and Human Well-being: Synthesis*, Washington D. C.: Island Press, 2005.

Odum, T., Odum, E. P., "The Energetic Basis for Valuation of Research in Latin America: The State of the Art", *Ecosystem Services*, Vol. 41, No. 1, 2012.

Sun Xiao, et al., "Spatiotemporal Assessment and Trade-Offs of Multiple Ecosystem Services Based on Land Use Changes in Zengcheng, China", *Science of the Total Environment*, Vol. 609, 2017.

Sutherland, I. J., et al., "Seeing the Forest for its Multiple Ecosystem Services: Indicators for Cultural Services in Heterogeneous Forests", *Ecological Indicators*, Vol. 71, 2016.

Westman, W. E., "How Much are Nature's Services Worth?", *Science*, Vol. 197, No. 4307, 1977.

Research on Assessment of Basin Ecosystem Services Value: A Case Study of the Three Gorges Reservoir Area

XIA Jingjing

Abstract: Man and nature are highly intertwined and influenced each other in basin ecosystem. Based on the characteristics of basin ecosystem and its function, this paper systematically reviews the research progress of basin ecosystem service classification and evaluation methods, and then evaluate basin ecosystem services value of the Three Gorges Reservoir Area. According to the classification framework of "water resources, water environment and water ecology", water resources supply, basin water environmental capacity, soil retention and water conservation are selected as the main indicators to evaluate ecosystem services and their value in the Three Gorges Reservoir Area. The results show that total ecosystem services value in the Three Gorges Reservoir Area was 509.77 billion yuan in 2015, which was mainly based on the indirect economic value by 63.1%. The value of each ES from high to low is water conservation > water supply > soil retention > basin water environmental capacity. Water resources supply service is the dominant ES in regions with higher social and economic development degree, while the key ecological functional areas are mostly dominated by soil retention and water conservation service. Ecosystem services are dominantly affected by natural factors or human factors, and the mechanism is quite different. The purpose of this study is to provide scientific support for the evaluation of basin ecosystem service value, the integrated management of ecological environment and the formulation of ecological compensation policy.

Key words: Basin　Ecosystem services value　Assessment　The Three Gorges Reservoir Area

（责任编辑：范斐）

学术史谭

长江中游城市群研究的学术史述评
（2010—2021年）[*]

时培豪　赵　豪　张诗凝　邓和顺[**]

摘　要："长江中游地区"是2010年国务院颁布实施的《全国主体功能区规划》划定的国家层面重点开发区域，官方正式采用"长江中游城市群"概念始于2012年。2010年以来，长江中游城市群相关研究成果主要聚焦长江中游城市群空间格局、创新驱动发展、绿色发展、产业发展、新型城镇化等议题；研究方法侧重采用统计学、计量经济学、空间统计与空间计量经济学等学科方法；研究尺度侧重于长江中游城市群整体、武汉城市圈、环鄱阳湖城市群、环长株潭城市群等空间尺度。长江中游城市群后续研究工作应进一步深化长江中游城市群协同发展的理论基础研究、长江中游城市群协同开放发展研究、长江中游城市群公共服务共享研究、长江中游城市群与国内其他城市群比较、长江中游城市群内部都市圈同城化发展研究；综合采用改进后的非参数估计模型、社会网络分析模型、空间面板模型等前沿方法，探究长江中游城市群协同发展问题；从都市圈、都市区、中心城市、开发区、企业等不同维度拓展长江中游城市群协同发展问题研究。

关键词：长江中游城市群　空间格局　产业协同

---

[*]　基金项目：武汉大学中国发展战略与规划研究院2021年交叉学科论坛课题"长江中游城市群协同发展水平研判与推进对策研究"。

[**]　时培豪，武汉大学经济与管理学院博士研究生；赵豪，武汉大学经济与管理学院博士研究生；张诗凝，武汉大学经济与管理学院硕士研究生；邓和顺，武汉大学经济与管理学院硕士研究生。

2010年12月21日国务院印发的《全国主体功能区规划》（国发〔2010〕46号）将"长江中游地区"列为18个国家级重点开发区域之一①。2012年8月27日国务院印发的《关于大力实施促进中部地区崛起战略的若干意见》（国发〔2012〕43号）首次采用"长江中游城市群"概念，明确提出支持武汉城市圈、长株潭城市群和环鄱阳湖城市群开展战略合作，促进长江中游城市群一体化发展。2015年4月经国务院批复、国家发展改革委颁布的《长江中游城市群发展规划》强调，长江中游城市群发展遵循"一极三区"（中国经济新增长极、中西部新型城镇化先行区、内陆开放合作示范区、"两型"社会建设引领区）总体战略定位，着力推进城乡、产业、基础设施、生态文明、公共服务协同发展②。2021年3月12日发布的《中华人民共和国国民经济和社会发展第十四个五年规划和2035年远景目标纲要》强调，优化提升京津冀、长三角、珠三角、成渝、长江中游五大城市群，推动城市群一体化发展；推动长江中游城市群协同发展，加快武汉、长株潭都市圈建设，打造全国重要增长极。2021年4月8日国家发展改革委颁布的《2021年新型城镇化和城乡融合发展重点任务》（发改规划〔2021〕493号）明确，研究编制长江中游城市群实施方案，健全城市群一体化发展机制。2021年4月23日中共中央、国务院印发的《关于新时代推动中部地区高质量发展的意见》（中发〔2021〕12号）要求支持武汉、长株潭都市圈建设，培育发展南昌都市圈；以基础设施互联互通、公共服务共建共享为重点，加强长江中游城市群内城市间合作。

---

① 根据国务院2011年6月8日正式发布的《全国主体功能区规划》，"长江中游地区"位于全国"两横三纵"城市化战略格局中沿长江通道横轴和京哈京广通道纵轴的交汇处，包括湖北武汉城市圈、湖南环长株潭城市群、江西鄱阳湖生态经济区。
② 2015年4月5日，国务院国函〔2015〕62号文批复实施《长江中游城市群发展规划》。2015年4月16日，国家发改委发改地区〔2015〕738号文印发《长江中游城市群发展规划》。

一　2010—2021年长江中游城市群研究成果概况

自2010年以来,"长江中游城市群"一直是长江经济带研究领域的学术热点。本文侧重梳理总结2010—2021年长江中游城市群相关研究成果[①]。

表1　　　长江中游城市群相关研究著作目录

著作名称	作者	出版社，出版时间
《长江中游城市群构建》	秦尊文	湖北人民出版社2010年版
《第四增长极：崛起的长江中游城市群》	秦尊文	社会科学文献出版社2012年版
《"中三角"城市群成长的可行性分析及发展战略研究》	朱丽萌等	江西人民出版社2012年版
《中三角智慧城市群的发展战略研究》	陈雁云	江西人民出版社2013年版
《中三角产业发展战略研究》	温如春	湖北人民出版社2013年版
《长江中游城市群产业合作研究》	彭智敏等	湖北人民出版社2013年版
《长江中游城市群发展报告（2013—2014）：城市群一体化发展》	秦尊文等	社会科学文献出版社2014年版
《长江中游城市群发展战略研究》	武汉发展战略研究院	武汉出版社2014年版
《长江中游城市群发展报告（2015）》	秦尊文等	社会科学文献出版社2015年版
《打造中国经济增长第四级：长江中游城市群发展战略研究》	长江中游城市群发展战略研究课题组	中国社会科学出版社2016年版

---

①　重点考察长江中游城市群整体研究成果，未考察武汉城市圈、长株潭城市群（或环长株潭城市群）、鄱阳湖城市群（或环鄱阳湖城市群）相关研究成果。

续表

著作名称	作者	出版社，出版时间
《长江中游城市群新型城镇化与产业协同发展报告（2016）》	杨刚强等	社会科学文献出版社2016年版
《长江中游城市群发展报告（2016）》	秦尊文等	社会科学文献出版社2016年版
《长江中游城市群一体化及江西省融入路径研究：基于赣鄂发展战略比较视角》	李汝资等	社会科学文献出版社2017年版
《长江中游城市群协同发展评价报告（2017）》	杨刚强等	社会科学文献出版社2017年版
《长江中游城市群发展报告（2017）》	秦尊文等	社会科学文献出版社2017年版
《长江中游城市群创新驱动发展战略研究》	易明等	中国地质大学出版社2017年版
《长江中游城市群国土资源与环境地质图集》	中国地质调查局	中国地质大学出版社2017年版
《长江中游城市群空间协同发展研究》	彭翀等	华中科技大学出版社2018年版
《长江中游城市群研究》	吴传清等	社会科学文献出版社2018年版
《长江中游城市群发展报告（2018）》	秦尊文等	社会科学文献出版社2018年版
《长江中游城市群外贸发展战略研究》	何艳	经济科学出版社2018年版
《长江中游城市群发展报告（2019）》	秦尊文等	社会科学文献出版社2019年版
《长江中游城市群一体化模式选择与机制研究》	李琳等	社会科学文献出版社2019年版
《城市群资源集聚能力的时空演化机理与提升路径：以长江中游城市群为例》	郭庆宾	中国经济出版社2019年版
《长江中游城市群发展报告（2020）》	秦尊文	社会科学文献出版社2020年版
《长江中游城市群区域经济一体化发展研究》	胡敏捷等	武汉大学出版社2021年版

资料来源：笔者根据相关资料整理。

长江中游城市群相关研究著作30余部（见表1）[①]，研究议题主

[①] 湖北日报传媒集团组织编撰出版了《风起中三角》《图解长江中游城市群发展规划（2015—2030）》等通俗性读物。

要涉及战略定位、空间布局、城乡协同、产业协同、公共服务协同、基础设施协同、绿色发展水平测度、生态文明建设、创新驱动等方面，作者主要来自长江中游地区湘鄂赣三省，研究人员来自社科院系统（中国社会科学院、湖北省社会科学院等）、高校系统（武汉大学、华中科技大学、中国地质大学、湖北大学、湖北工业大学、武汉轻工业大学、湖南大学、南昌大学、江西财经大学等）以及政府智库机构（武汉发展战略研究院等）。

涉及长江中游城市群研究的相关期刊论文500余篇，研究主题聚焦长江中游城市群空间格局、新型城镇化、生态文明共建、基础设施建设、公共服务共享等议题。涉及长江中游城市群研究的相关硕博士学位论文140余篇，研究主题聚焦长江中游城市群空间结构、产业集聚、基础设施、生态环境等议题。

二　2010—2021年长江中游城市群研究的主要议题与代表性观点

（一）长江中游城市群空间格局问题研究

长江中游城市群呈现城市规模等级差异较大、分布不均、层次结构不完善等特征（吴烨，2016）。学术界已有的相关研究成果侧重从空间布局、空间结构、空间网络、空间集聚等视角，探讨长江中游城市群空间格局问题。

有文献采用"中三角"概念术语研究长江中游城市群空间布局问题，将"中三角"区域细分为重点开发地段、优化开发地段、限制开发地段和禁止开发地段；"中三角"城镇空间布局应以重点开发地段为核心，构建武汉与长沙、武汉与南昌、长沙与南昌之间沿主要交通干线的三大城镇密集带，形成以武汉、长沙、南昌为三极，以黄石、孝感、株洲、湘潭、九江、新余等重要节点城市为支撑，以长江沿线和沿京广线、沪昆线产业带为轴线的城镇空间开发格局;"中三角"生态空间布局应以湖北、湖南和江西三省交界的幕阜山区为生态屏障,以长江流域水土保持带为骨架,以鄱阳湖、洞庭湖、江汉平原湖泊湿地生态区及其他生态地区为重要支撑,以沿湖岸线邻水区域为控制开发带,以湘江、赣江等主要河流沿线和交通干线沿线为生态廊道,以各类保护区为重要组成部分,以水域、湿地、林地等为主体的多层次空间格局(朱丽萌等,2012)。

长江中游城市群国土空间结构在类型转换、空间变化及地形梯度分布上具有一定的规律性(徐磊,2017)。长江中游城市群城市是由若干"核心—边缘"结构的城市圈组成多中心巨型城市区域,武汉城市圈组团优势较突出,环鄱阳湖城市群整体水平相对较弱,区域要素流动主要依托于"三横四纵"交通公路网络,空间结构存在发展水平整体偏低、城市之间联系不足、核心—边缘特征明显等问题(白永亮等,2014;王圣云等,2016;李远和,2017;瞿兆聪,2018;王文荟,2019)。也有文献将长江中游城市群空间格局细分为核心区、扩展区、边缘区以及核心区内部的绿心四部分(郭细根,2017)。其中,核心区包括武汉都市圈、长株潭城市群、南昌九江都市区以及环线内所有地市,扩展区为除核心区外的长江中游城市群国家规划地域,边缘区为除核心区和扩展区外的湘赣鄂全境。

有文献研究发现,长江中游城市群经济流空间关联网络的层级特点为四个核心(武汉、长沙、株洲及湘潭)和两个副中心(孝感、黄冈),信息流空间关联网络的层级特点为两个核心(武汉、长沙)和一个副中心(南昌),武汉、长沙在长江中游城市群空间关联网络中处于优势地位(刘慧等,2021)。有文献从联系、节点、类型三大方面分析长江中游城市群空间关联网络演变特征,发现长江中游城市群处于以快速拓宽网络联系覆盖范围为主的初级阶段,并呈现轮轴状空间形态特征(高鹏等,2021)。有文献从企业间资金联系视角,分析长江中游城市群城市网络及其变化特征,发现有105个城市参与长江经济带城市网络构建,资金进出量前10名城市约占资金总流量的70%（胡国建等，2021）。有文献用百度指数的用户关注度表征城市信息流，发现工作日长江中游城市群内城市间信息联系强度分布更为均衡，城市网络的进入门槛更低；而节假日呈现出显著的"核心—边缘"结构，非均衡化现象较为严重（刘耀彬等，2021）。

有文献研究发现，长江中游城市群空间集聚与扩散功能逐渐增强，主要集中在第三产业；省会城市集聚能力远高于其他城市，但辐射带动能力不足；要从结构视角关注城市流强度，改善城市群内城市经济实力与外向服务功能不协调程度，整体提升城市流强度，更加有效地引导空间集聚与扩散（白永亮等，2016）。也有文献指出，长江中游城市群空间效率总体上发展较好，发展水平波动程度较小，但城市群内各地级市之间发展不平衡，省会城市对周边城市发展存在一定的辐射带动作用（彭培芳，2019）。

长江中游城市群经济联系呈现明显的层级关系，武汉是城市群的核心，长株潭、南昌为城市群次级中心；组成长江中游城市群的次级城市群内部空间联系具有差异性，武汉城市圈、长株潭城市群内部城市经济联系紧密，两个城市群之间经济联系强度较高，环鄱阳湖城市群内部联系松散且相对边缘化（胡盈等，2016；王磊等，2014；李佩，2015；王圣云等，2020）。有文献采用探索性数据分析（ESDA）及地理加权回归（GWR）等方法研究发现，长江中游城市群经济发展水平空间格局总体上呈现地区之间较强的负相关性，经济发展异质性较强，差异性显著（张雅杰等，2015）。长江中游城市群内部第二、第三产业辐射能力存在较大差异，第二产业呈现较强的辐射能力，第三产业辐射能力较弱（周晓艳等，2016）。

（二）长江中游城市群创新驱动发展问题研究

学术界已有的相关研究成果侧重从创新驱动影响因素、创新平台建设、创新能力、协同创新等视角，探讨长江中游城市群创新驱动发展问题。

关于长江中游城市群创新驱动影响因素问题，有文献主张聚焦长江中游城市群创新驱动发展的现实基础、创新能力评价、高新技术产业创新效率评价、高校技术转移绩效评价、创新驱动发展战略选择等（易明，2017）。有文献研究科技创新和新型城镇化的动态关系，发现新型城镇化发展有利于科技创新，科技创新与新型城镇化之间的动态关联关系具有时滞性，随时间推移两者之间影响由负转正（张建清等，2017）。朱丽霞等（2019）研究发现，信息化进程、经济基础、外商活跃度有助于激励城市创新效率提升，金融规模阻滞作用显著，第三产业规模、创新平台、政府支持力度的作用具有明显差异性。创新要素流动对长江中游城市群协同创新具有促进作用，空间正向溢出效应显著（陈林心，2020）。创新要素流动对城市群协同创新影响呈现非线性，创新人员流动对城市群协同创新影响呈倒"U"形特征，创新资本流动对城市群协同创新影响呈"U"形关系（李琳等，2020）。

采用核密度估计、Ripley's K函数、地理探测器等方法研究长江中游城市群创新平台问题，发现长江中游城市群创新平台整体呈现出集聚分布特征，以武汉、长沙和南昌为核心呈"品字形"分布格局，不同等级、不同功能类型的各类创新平台均呈现出显著集聚的特征，但集聚强度、集聚状态存在一定差异；不同空间创新平台集聚存在尺度效应，随地理距离的变化，空间集聚趋势先增强后减弱；创新平台的空间分异是多因素综合作用的结果，金融实力、信息化程度、利用外资水平、人力资本条件的影响较为显著，交通可达性、城镇化水平、经济基础和创新氛围也具有一定的影响（唐承丽等，2020）。

多数文献侧重从创新水平、创新效率等方面分析长江中游城市群创新能力问题。选取专利授权量衡量创新能力，发现长江中游城市群创新能力整体上存在较大的差异性（易明等，2017）。采用DEA测算长江中游城市群创新效率，发现长江中游城市群创新效率整体较好，但湘鄂赣三省创新水平存在一定差异（李梦琦等，2016）。由于传统DEA模型并未考虑非径向角度问题，未将非效率因素纳入分析框架，引致创新效率测度存在偏差。采用改进的DEA-Malmquist指数模型测度发现，长江中游城市群创新效率呈现平稳发展期和波动变化期两段式特征（朱丽霞等，2019）。

有文献基于改进的引力模型分析长江中游城市群协同创新问题，发现长江中游城市群城市间协同创新水平整体逐渐提升，形成以武汉、长沙为中心辐射邻近地区的协同创新高值区（龚勤林等，2017）。从动态角度看，长江中游城市群协同创新整体处于初级水平，协同创新度均值在波动中上升，逐渐由最初的双核主导发展为"3+5"多核心格局，长江中游城市群内部协同创新度差距呈扩大之势（李琳等，2015）。随着创新内外环境变化，长江中游城市群创新网络规模日趋扩大，联系日趋增强并趋于稳定，基本形成以长沙、武汉、南昌为核心的多中心网络空间结构（谢伟伟等，2019），创新网络不断重构，结构、功能更趋复杂化和层次化（李琳等，2020）。

（三）长江中游城市群绿色发展问题研究

学术界关于长江中游城市群绿色发展问题相关研究成果较为丰富，多侧重长江中游城市群生态环境问题、生态效率、能源效率、绿色发展水平等议题研究。

关于长江中游城市群生态环境问题，不少研究文献发现，长江中游城市群雾霾污染具有显著的时间依赖特征和空间溢出效应，地理梯度分布大致为"武汉城市圈>总体平均>环长株潭城市群>环鄱阳湖城市群"，由西北向东南、西南方向逐渐减弱（雷玉桃等，2020；李建明等，2020；陈明华等，2021）。工业集聚、城镇化是显著加剧雾霾污染的重要原因，经济聚集、人口集聚显著降低了雾霾污染（柏玲等，2018；宋美喆等，2020）。部分研究文献发现，长江中游城市群内工业二氧化硫排放在整体上呈现出随机分布特征，二氧化硫排放量以武汉、长株潭为中心向周边地区扩散，低值地区集中在江西东南部和湖南西南部，二氧化硫强度、人口、第二产业比重、人均GDP等是二氧化硫排放的主要影响因素（柏玲等，

2017；魏伟等，2018）。

关于长江中游城市群生态效率问题，不少研究文献指出，长江中游城市群生态效率整体呈上升趋势，内部不均衡性显著，存在明显的地区差异，具有较强的空间联动性和依赖性（罗能生等，2018；马勇等，2019；匡若兰，2019；李嘉琪，2020；李国昌，2020；王兆峰等，2021）。长江中游城市群生态承载力呈逐年上升态势，生态承载力状况得到改善，但绝大部分城市仍处于超载状态，湖南省域、江西省域总体人均生态承载力呈现微弱下降态势（王玲，2018；沈威，2018；张津瑞等，2020）。

关于长江中游城市群能源效率问题，采用DEA模型分析发现，长江中游城市群全要素能源效率整体水平较低，但地区差异并不显著；真实的能源强度和潜在的能源强度均呈现下降趋势（吴巧生等，2016）。

关于长江中游城市群绿色发展水平测度，已有研究成果采用的定量分析方法可归纳为综合指标体系法和非参数估计法。有文献从资源利用、环境治理、增长质量、绿色生活等维度构建评价指标体系分析发现，长江中游城市群绿色发展整体水平呈平稳较快上升态势，各城市在资源利用、环境治理、增长质量和绿色生活方面均取得显著提升；长江中游城市群内部城市间绿色发展水平差异显著，呈现较强的绿色集聚效应，中心城市绿色发展水平远高于周边外围城市（吴传清等，2018）。也有文献从绿色生态、绿色生活、绿色生产等维度构建评价指标体系测度发现，经济实力、产业结构、城镇化发展水平、开放开发程度显著影响长江中游城市群各地区绿色化发展水平（熊曦等，2019）。有文献采用SBM-DEA模型、ML指数测度长江中游城市群绿色创新全要素生产率，发现江西、湖南多数城市仍处在创新发展的红利期，湖北大部分城市已出现边际效率下降，技术效率不足（李金滟等，2016）。有文献构建"长江中游城市群绿色化指数""长江中游城市群省际绿色化指数"分析发现，长江中游城市群绿色化水平体现出明显的城市差异，长沙绿色化水平最高，武汉居中，南昌较弱（李祝平等，2017）。

此外，李小玉等（2017）的研究成果强调，长江中游城市群存在工业污染排放强度大、降能耗任务严峻、绿色发展协作程度低等突出问题，需从绿色工业选择、绿色技术研发、绿色产品市场体系共建、工业废弃物绿色处理等层面构建协作机制，提升长江中游城市群工业从生产到消费全生命周期的绿色化。彭翀（2018）聚焦长江中游城市群生态空间协同保护优化策略，强调实现管理机制协同、生态空间管制协同、水资源利用协同，建立湘鄂赣三省生态保护与建设协同平台，划定生态管制分区并实施生态管控，统筹水资源综合开发利用。李宁（2018）较为系统地探讨长江中游城市群生态补偿机制建设问题，强调从区域联通、水利建设、能源供给、信息共享等方面应用资金和政策补偿方式，从产业集群、现代服务、农业建设、产业协同等方面应用产业补偿方式。

（四）长江中游城市群产业发展问题研究

学术界已有的长江中游城市群产业发展研究成果多聚焦产业发展战略、产业结构、产业协同、产业集聚等方面。

关于长江中游城市群产业发展战略问题，有文献分析总结"中三角"产业发展的资源优势和理论基础，从转变经济发展方式、壮大战略性新兴产业、培育支柱产业、建设产业基地、扶持产业集群、构建综合交通通信枢纽、优化升级传统产业、发展县域经济等维度，探讨"中三角"产业发展的战略路径（温如春，2013）。

关于长江中游城市群产业结构问题，有文献从产业结构合理化、产业结构高级化两个维度分析长江中游城市群产业结构优化问题，发现长江中游城市群产业结构高级化相较于产业结构合理化对碳减排的效果更好（张琳杰等，2018）。就产业体系建设而言，长江中游城市群应构建开放的现代产业体系、打造区域分工协作的产业链、建立区域性多元特色网络、壮大互联互通的物流网络、完善粮食主产区配套支撑体系（长江中游城市群发展战略研究课题组，2016）。

关于长江中游城市群产业协同问题，有文献分析物流系统和经济系统之间的耦合协调度程度，发现长江中游城市群内各城市的平均耦合协调程度属轻度失调状态，部分中心城市耦合协调度较高，但其周边邻近城市的耦合协调度较低（伍宁杰等，2019）；有文献研究结果显示，长江中游城市群产业协同发展指数呈现倒"U"形变化趋势，环鄱阳湖生态城市群、武汉城市圈、长株潭城市群的产业协同发展程度依次提升（杨刚强等，2017）。也有研究成果发现，长江中游城市群产业融合效率呈现先升后降趋势，武汉城市圈、环长株潭城市群高技术产业与传统工业融合效率呈现先升后降趋势，环鄱阳湖城市群高技术产业与传统工业融合效率呈现较高的稳定增长趋势（闫绍花，2017）。

关于长江中游城市群产业集聚问题，有文献发现长江中游城市群制造业集聚与技术创新形成有效互动（郝永敬等，2019）；也有文献研究发现，劳动密集度、知识密集度、资本密集度、对外开放程度对长江中游城市群服务业整体集聚有正的显著影响，信息化水平对长江中游城市群服务业集聚的影响显著（易明等，2017）。有文献采用区位熵、空间基尼系数，从整体层面、细分行业以及地级市三个层面测算长江中游城市群生产性服务业集聚水平，发现长江中游城市群整体生产性服务业集聚程度较低（朱双，2016）。

（五）长江中游城市群新型城镇化问题研究

学术界已有的长江中游城市群新型城镇化研究成果多聚焦土地利用、新型城镇化水平与效率测度、新型城镇化协调发展、智慧城市建设等方面。

关于长江中游城市群土地利用问题，有文献构建城市土地利用效率评价指标体系，测度长江中游城市群土地利用效率（杨君等，2019）；也有文献探究长江中游城市群土地利用效率的动态演进、空间差异收敛性规律，发现在考虑碳排放和工业污染物排放后，长江中游城市群及其各子城市群土地利用增长相对缓慢，在土地利用过程中不同地区间存在双重生态损耗，但总体上仍不断上升，呈现

"南高北低""西高东低"的空间非均衡格局（陈丹玲等，2018）。

关于长江中游城市群新型城镇化水平与效率，现有研究成果采用的测度方法主要分为参数研究法和非参数研究法。参数研究法是基于降维思想，通过综合考虑影响长江中游城市群新型城镇化水平的各种因素，构建综合指数度量。常用参数方法有熵值法、灰色关联度分析法等。冯兴华等（2015）从人口、空间、经济、社会、资源环境、城乡统筹等维度构建新型城镇化发展水平评价指标体系，采用熵值法测度长江中游城市群新型城镇化发展水平，发现长江中游城市群县域综合城镇化水平持续提升，依据关联性可划分为"耦合聚集型""中心洼地型""拮抗聚集型""核心边缘型"。闫欣（2015）采用灰色关联度分析了长江中游城市群新型城镇化发展水平，发现武汉城市圈发展水平最高，环鄱阳湖经济圈发展水平最低，各子系统之间发展不均衡，呈现出省会城市与滨江城市成为新型城镇化发展的"凸起点"，省际边缘城市成为新型城镇化发展的"凹陷区"。由于非参数研究法可避免外部主观因素的影响，无须进行数据初始处理，使测度结果具有可靠性，因此，非参数估计方法被广泛应用于长江中游新型城镇化效率分析。弓文通（2018）通过构建投入产出指标体系，采用 DEA 模型分析研究发现，长江中游城市群存在总体效率不高、效率损失严重、规模效率普遍低下、区域发展不平衡等问题。熊曦等（2021）采用改进之后的三阶段 DEA 模型进行分析发现，长江中游城市群新型城镇化效率较低。不少文献通过横向和纵向对比分析发现，长江中游城市群城镇化效率呈现发展不平衡的空间格局，既有领先型地区，又有滞后型地区，突出表现为经济发展水平较高的中心城市城镇化效率高于周边地区（黄展，2018；秦尊文，2018）。

关于长江中游城市群新型城镇化协调发展问题，有文献探究长江中游城市群城镇化与人居环境的动态耦合协调关系，研究发现长江中游城市群城镇化和人居环境水平总体上呈稳步上升态势，空间上以武汉、长沙、南昌为峰值区域的"多中心"分布特征为主（姜旭等，2020）。彭翀等（2018）采用经济联系网络法、信息联系网络法、交通联系网络法评估长江中游城市群城镇协同联系网络；从空间结构、空间演化模式等视角，探讨长江中游城市群整体空间协同组织模式；从"双核+廊道"模式、"成长三角"模式、"双核驱动"模式等视角，分析武汉城市圈、环长株潭城市群、环鄱阳湖城市群空间协同优化模式。

关于长江中游城市群智慧城市建设问题，陈雁云（2013）从智慧农业、智慧环保、智慧旅游、智慧物流、智慧电网、智慧建筑等领域，分析"中三角"智慧城市群行业应用发展情况；从建设中国经济发展第四极、建设新型城镇化、产城融合发展等层面，分析"中三角"建设智慧城市群的必要性；从政策、经济、社会、技术等维度，分析"中三角"智慧城市群发展环境；从空间发展定位、工业发展定位、现代服务定位、生态建设定位等维度，提出了"中三角"及中心城市的智慧城市发展定位及建设构想。梁本凡（2015）从电子政务、智能交通、智能安防、智能家居、智慧医疗、食品安全等维度，分析"中三角"智慧城市群服务应用发展情况。

（六）长江中游城市群其他问题研究

关于长江中游城市群开放合作问题，有研究成果指出，长江中游城市群开放进程中存在外向型经济发展水平低、开放型经济管理体制机制弊端日益突出、开放型经济发展缺乏有效的区域协调机制等问题，强调从创新开放模式、搭建开放平台、深化体制改革、对外开放与对内开放并重、服务贸易与货物贸易并重、"引进来"与"走出去"并重六方面，提升长江中游城市群开放发展水平（陈昭，2015）。有文献测度长江中游城市群各城市的外贸竞争力与贸易潜力，发现长江中城市群各城市贸易结构脆弱，城市群对国际市场依赖程度较高，长江中游城市群外贸规模、贸易贡献率低于京津冀、珠三角和长三角城市群（何艳，2017，2018）。

关于长江中游城市群公共服务共享问题，目前学术界关于长江中游城市群公共服务共享问题研究成果相对较少，主要聚焦长江中游城市群公共服务均等化水平测度。有文献从基础设施、教育服务、公共文化、医疗卫生、社会保障及就业、生态环境六个方面构建指标体系，采用泰尔指数法、TOPSIS 分析法确定权重测度长江中游城市群公共服务协同发展水平，研究结果表明，长江中游城市群公共服务协同发展水平整体上呈现上升趋势，但武汉城市圈内公共服务发展水平两极分化严重，环长株潭城市群整体公共服务发展水平较为平均，环鄱阳湖城市群的公共服务发展水平整体偏低（杨刚强，2017）。也有文献基于综合评价法构建指标体系，采用变异系数、泰尔指数方法测度评估长江中游城市群基本公共服务均等化水平（张建清等，2016）。

关于长江中游城市群一体化发展问题，有文献从密度、距离与分割等维度构建区域一体化评价体系，结合层次分析法对长江中游城市集群内部区域一体化进行测度与比较分析，发现环长株潭城市群区域一体化水平最高，武汉城市群次之，环鄱阳湖城市群最低（李雪松等，2013）。也有文献基于市场一体化—产业一体化—空间一体化独特视角，对长江中游城市群一体化论题展开探索性研究（李琳，2019）。

关于长江中游城市群协同发展体制机制问题，目前学术界关于长江中游城市群协同发展体制机制问题研究成果尚少，主要是集中于政策保障机制、产业协同机制和合作机制。有文献提出从公共服务支持体系、社会管理一体化支持体系、知识创新体系一体化支持体系、核心产业链构建支持体系、资源环境保护一体化支持体系等方面，构建长江中游城市群发展的政策支持体系（朱丽萌等，2012）。长江中游城市群发展战略研究课题组（2016）强调，推进长江中游城市群协同发展体制机制的创新应聚焦空间开发、资源开发与合理利用、市场管理、产业与投资、生态建设与环境保护、对内对外开放、基本公共服务的区域合作机制等方面。

关于长江中游城市群竞争力问题，有文献从经济发展、资源利用、环境保护、人口与公共服务和科技创新等维度构建监测评估指标体系，综合分析长江中游城市群综合发展水平时空格局演变，采用全局主成分分析法评价分析长江中游城市群综合发展水平及时空分异，发现整体呈现出以武汉、长沙为中心，以南昌、合肥为副中心的发展格局，但中心城市带动作用较弱（周克昊等，2014）；也有文献构建经济发展质量、社会生活发展质量、生态环境质量评价指标体系，采用动态因子分析方法对长江中游城市群城市质量进行评价，采用空间自相关方法分析长江中游城市群城市质量的空间溢出效应，发现长江中游城市群内城市质量差距扩大，呈现两极分化（卢丽文等，2014）；有文献构建城市竞争力评价指标体系对长江中游城市群城市竞争力的结构演变进行定量分析，发现长江中游城市群城市竞争力空间格局整体呈"三大核心（一主两副）—边缘"板块结构，且保持时间惯性和空间惰性，时空演变呈"总体锁定，局部变动"特征（王涛等，2014）。

三 总体评价和后续研究展望

现有关于长江中游城市群相关研究已经取得丰硕成果，涉及的研究领域众多，研究内容主要集中在城市群发展战略定位、空间格局、新型城镇化、基础设施建设、产业发展、绿色发展、创新驱动发展等。其中，发展战略定位主要从空间定位、功能定位、产业定位、特色定位四方面进行阐述；空间格局主要聚焦于城市群的空间布局、空间结构、空间网络、空间集聚领域；绿色发展多从绿色发展影响因素、城市群生态效率和能源效率方面展开；新型城镇化方面，已有研究多集中于土地利用、协调发展、智慧城市等方面；产业发展方面主要聚焦于城市群产业结构、产业集聚等方面；创新驱动发展方面主要从创新驱动影响因素、创新平台建设、创新能力分析和协同创新方面展开。在研究方法上，已有研究主要采用了以参数估计、假设检验为核心统计学方法，以截面模型、混合效应模型、固定效应模型为主的传统计量模型和空间地理学研究方法等，效率评价方面主要采用未考虑松弛变量的传统非参数DEA模型，如长江中游城市群绿色发展水平方面测度，主要采用DEA模型、三阶段DEA模型等。在研究空间尺度上，现有研究主要从长江中游城市群整体进行讨论，部分文献进行研究过程中，涉及武汉都市圈、环鄱阳湖城市群和环长株潭城市群，缺乏从都市区、中心城市和企业等中观、微观主体进行讨论。

未来关于长江中游城市群的考察，在研究内容上，可以综合经济学、地理学和社会学等理论，重点关注长江中游城市群开放合作、公共服务共享、协同发展体制机制等议题的研究，如将新制度经济学中的制度性集体行动理论，纳入长江中游城市群协同或一体化发展的理论研究框架中，加强长江中游城市群创新共同体、产业共同体、开放共同体和生态共同体研究；重视城市群内部不同要素间协同发展研究；注重长江中游城市群与长三角城市群、粤港澳大湾区、京津冀城市群和成渝城市群的横向比较研究；在研究方法上，可以将动态非参数估计模型、社会网络分析模型、动态面板模型以及空间面板模型等前沿方法，纳入长江中游城市群产业协同、城镇化发展、基础设施建设和绿色发展等研究议题中，降低研究模型扰动项误差提升结论可靠性。在空间尺度上，可以综合采用理论研究、实证研究、案例研究和政策研究等研究范式，从长江中游城市群内的都市圈、都市区、中心城市、国家级开发区、国家级自贸区、港口群、机场群和代表性企业等维度，运用中观、微观数据对长江中游城市群空间格局、城镇化、基础设施建设、绿色发展等议题进行分析。

参考文献

白永亮、党彦龙：《长江中游城市群空间作用机理与空间结构研究》，《宏观经济研究》2014年第11期。

白永亮等：《长江中游城市群空间集聚与扩散——基于31个城

市 18 个行业的劳动力要素流动检验》，《经济地理》2016 年第 11 期。

柏玲等：《长江中游城市群 PM2.5 时空特征及影响因素研究》，《长江流域资源与环境》2018 年第 5 期。

柏玲等：《长江中游城市群环境压力的时空特征——以工业二氧化硫排放为例》，《经济地理》2017 年第 3 期。

长江中游城市群发展战略研究课题组：《打造中国经济增长第四级：长江中游城市群发展战略研究》，中国社会科学出版社 2016 年版。

陈丹玲等：《长江中游城市群城市土地利用效率的动态演进及空间收敛》，《中国人口·资源与环境》2018 年第 12 期。

陈林心：《高等教育集聚促进长江中游城市群创新创业的空间杜宾模型》，《科技管理研究》2020 年第 1 期。

陈明华等：《长江中游城市群雾霾污染的空间关联测度与分析》，《华东经济管理》2021 年第 2 期。

陈雁云：《中三角智慧城市群的发展战略研究》，江西人民出版社 2013 年版。

陈昭：《长江中游城市群开放战略研究》，《湖北社会科学》2015 年第 6 期。

冯兴华等：《长江中游城市群县域城镇化水平空间格局演变及驱动因子分析》，《长江流域资源与环境》2015 年第 6 期。

高鹏等：《基于生产性服务业的长江中游城市群空间关联网络演变研究》，《地域研究与开发》2021 年第 1 期。

弓文通：《长江中游城市群新型城镇化效率研究》，硕士学位论文，华中师范大学，2018 年。

龚勤林等：《基于协同创新的城市职能识别与优化研究——以长江中游城市群为例》，《经济体制改革》2017 年第 3 期。

郭庆宾：《城市群资源集聚能力的时空演化机理与提升路径》，中国经济出版社 2019 年版。

郭细根：《多维空间视角下长江中游城市群发展与治理研究》，博士学位论文，华东师范大学，2017年。

郝永敬、程思宁：《长江中游城市群产业集聚、技术创新与经济增长——基于异质产业集聚与协同集聚视角》，《工业技术经济》2019年第1期。

何艳：《长江中游城市群外贸发展战略研究》，经济科学出版社2018年版。

何艳、白孝忠：《长江中游城市群贸易竞争力和相似度的研究》，《当代经济管理》2017年第3期。

胡国建等：《基于企业间联系视角的长江经济带城市网络结构及其变化特征研究》，《人文地理》2021年第2期。

胡敏捷等：《长江中游城市群区域经济一体化发展研究》，武汉大学出版社2021年版。

胡盈等：《基于引力模型和城市流的长江中游城市群空间联系研究》，《现代城市研究》2016年第1期。

黄展：《长江中游城市群城镇化效率研究》，硕士学位论文，湖北省社会科学院，2018年。

姜旭、卢新海：《长江中游城市群城镇化与人居环境耦合协调的时空特征研究》，《中国土地科学》2020年第1期。

瞿兆聃：《长江中游城市群空间结构与经济效率影响研究》，硕士学位论文，武汉大学，2018年。

匡若兰：《长江中游城市群生态效率测度及其空间关系》，硕士学位论文，中南民族大学，2019年。

雷玉桃等：《中国重点城市群工业集聚对雾霾污染的影响研究》，《软科学》2020年第4期。

李国昌：《长江中游城市群生态效率的时空异质性及影响因素研究》，硕士学位论文，湖北省社会科学院，2020年。

李嘉琪：《长江中游城市群生态效率评价及影响因素研究》，硕士学位论文，湖南师范大学，2020年。

李建明、罗能生:《1998—2015年长江中游城市群雾霾污染时空演变及协同治理分析》,《经济地理》2020年第1期。

李金滟等:《城市绿色创新效率实证研究——来自长江中游城市群的证据》,《江西财经大学学报》2016年第6期。

李琳、龚胜:《长江中游城市群协同创新度动态评估与比较》,《科技进步与对策》2015年第23期。

李琳、刘瑞:《创新要素流动对城市群协同创新的影响——基于长三角城市群与长江中游城市群的实证》,《科技进步与对策》2020年第16期。

李琳、彭璨:《长江中游城市群协同创新空间关联网络结构时空演变研究》,《人文地理》2020年第5期。

李琳等:《长江中游城市群一体化模式选择与机制研究》,社会科学文献出版社2019年版。

李梦琦等:《基于DEA模型的长江中游城市群创新效率研究》,《软科学》2016年第4期。

李宁:《长江中游城市群流域生态补偿机制研究》,博士学位论文,武汉大学,2018年。

李佩:《长江中游城市群经济联系及其区域整合研究》,硕士学位论文,江西师范大学,2015年。

李汝资等:《长江中游城市群一体化及江西省融入路径研究》,社会科学文献出版社2017年版。

李小玉、邱信丰:《长江中游城市群工业绿色发展协作机制研究》,《经济纵横》2017年第10期。

李雪松、孙博文:《长江中游城市群区域一体化的测度与比较》,《长江流域资源与环境》2013年第8期。

李远和:《长江中游城市群发展空间格局分析》,硕士学位论文,湖北大学,2017年。

李祝平、欧阳强:《长江中游城市群绿色化发展现状及对策》,《南通大学学报》(社会科学版)2017年第5期。

梁本凡：《长江中游城市群建成世界级智慧城市群的进程与路径研究》，《江淮论坛》2015年第3期。

刘慧等：《长江中游城市群空间关联网络结构判断与层级划分》，《统计与决策》2021年第1期。

刘耀彬、孙敏：《基于信息流的工作日与节假日城市网络联系特征对比——以长江中游城市群为例》，《经济地理》2021年第5期。

卢丽文等：《长江中游城市群发展质量评价研究》，《长江流域资源与环境》2014年第10期。

罗能生等：《长江中游城市群生态效率的空间关系及其协同提升机制研究》，《长江流域资源与环境》2018年第7期。

马勇等：《多源遥感数据支持下的县域尺度生态效率测算及稳健性检验——以长江中游城市群为例》，《自然资源学报》2019年第6期。

彭翀等：《长江中游城市群空间协同发展研究》，华中科技大学出版社2018年版。

彭培芳：《长江中游城市群空间效率的时空分异及其影响因素研究》，硕士学位论文，江西财经大学，2019年。

彭智敏等：《长江中游城市群产业合作研究》，湖北人民出版社2013年版。

秦尊文：《长江中游城市群构建》，湖北人民出版社2010年版。

秦尊文：《第四增长极：崛起的长江中游城市群》，社会科学文献出版社2012年版。

秦尊文等：《长江中游城市群发展报告（2013—2014）》，社会科学文献出版社2014年版。

秦尊文等：《长江中游城市群发展报告（2015）》，社会科学文献出版社2015年版。

秦尊文等：《长江中游城市群发展报告（2016）》，社会科学文献出版社2016年版。

秦尊文等：《长江中游城市群发展报告（2017）》，社会科学文献出版社2017年版。

秦尊文等：《长江中游城市群发展报告（2018）》，社会科学文献出版社2018年版。

秦尊文等：《长江中游城市群发展报告（2019）》，社会科学文献出版社2019年版。

秦尊文等：《长江中游城市群发展报告（2020）》，社会科学文献出版社2020年版。

沈威：《长江中游城市群城市生态承载力时空格局及影响因素研究》，硕士学位论文，河南大学，2018年。

宋美喆、刘寒波：《财政分权对长江中游城市群环境质量的影响机制研究》，《华东经济管理》2020年第2期。

唐承丽等：《长江中游城市群创新平台空间分布及其影响因素分析》，《地理科学进展》2020年第4期。

王磊、吴也：《基于城市流的长江中游城市群经济联系研究》，《江淮论坛》2014年第3期。

王玲：《长江中游城市群生态承载力时空差异研究》，硕士学位论文，华中师范大学，2018年。

王圣云等：《长江中游城市群空间联系网络结构及其动态演化》，《长江流域资源与环境》2016年第3期。

王圣云等：《交通运输成本视角下长江中游城市群城市网络空间关联机制》，《经济地理》2020年第6期。

王涛等：《长江中游城市群城市竞争力的空间演化》，《世界地理研究》2014年第3期。

王文荟：《基于点轴理论的长江中游城市群最佳发展轴线探索》，硕士学位论文，湖北大学，2019年。

王兆峰、孙姚：《长江中游城市群旅游产业集聚对生态效率影响及区域差异分析》，《长江流域资源与环境》2021年第4期。

魏伟等：《长江中游城市群工业二氧化硫排放的时空演化分

析》，《环境保护》2018 年第 9 期。

温如春：《中三角产业发展战略研究》，湖北人民出版社 2013 年版。

吴传清等：《长江中游城市群研究》，社会科学文献出版社 2018 年版。

吴巧生、李慧：《长江中游城市群能源效率评价研究》，《中国人口·资源与环境》2016 年第 12 期。

吴烨：《长江中游城市群城市体系结构演变研究》，硕士学位论文，江西师范大学，2016 年。

伍宁杰等：《长江中游城市群物流产业与经济发展耦合协调性研究》，《中南财经政法大学学报》2019 年第 4 期。

武汉发展战略研究院：《长江中游城市群发展战略研究》，武汉出版社 2014 年版。

谢伟伟等：《长江中游城市群知识创新合作网络研究——高水平科研合著论文实证分析》，《科技进步与对策》2019 年第 16 期。

熊曦等：《长江中游城市群城镇化效率评价及时空分异》，《经济地理》2021 年第 3 期。

熊曦等：《长江中游城市群绿色化发展水平测度及其差异》，《经济地理》2019 年第 12 期。

徐磊：《基于"三生"功能的长江中游城市群国土空间格局优化研究》，博士学位论文，华中农业大学，2017 年。

闫绍花：《长江中游城市群产业融合效率研究》，硕士学位论文，南京航空航天大学，2017 年。

闫欣：《长江中游城市群新型城镇化发展水平测度与时空特征研究》，硕士学位论文，南京师范大学，2015 年。

杨刚强等：《长江中游城市群协同发展评价报告（2017）》，社会科学文献出版社 2017 年版。

杨刚强等：《长江中游城市群新型城镇化与产业协同发展报告（2016）》，社会科学文献出版社 2016 年版。

杨君等：《长中城市群区域一体化与土地利用效率耦合关系演变》，《城市问题》2019 年第 1 期。

易明等：《长江中游城市群创新能力的时空动态演化规律研究》，《统计与决策》2017 年第 5 期。

易明等：《长江中游城市群创新驱动发展战略研究》，中国地质大学出版社 2017 年版。

张建清等：《长江中游城市群基本公共服务均等化现状评价与对策研究》，《当代经济管理》2016 年第 1 期。

张建清等：《基于 PVAR 模型的长江中游城市群新型城镇化与科技创新关联性分析》，《科技管理研究》2017 年第 16 期。

张津瑞、施国庆：《长江中游城市群生态承载力差异的比较研究》，《长江流域资源与环境》2020 年第 8 期。

张琳杰、崔海洋：《长江中游城市群产业结构优化对碳排放的影响》，《改革》2018 年第 11 期。

张雅杰等：《基于 ESDA-GWR 多变量影响的经济空间格局演化——以长江中游城市群为例》，《经济地理》2015 年第 3 期。

中国地质调查局：《长江中游城市群国土资源与环境地质图集》，中国地质大学出版社 2017 年版。

周克昊等：《长江中游城市群综合发展水平时空分异研究》，《长江流域资源与环境》2014 年第 11 期。

周晓艳等：《长江中游城市群空间联系研究》，《长江流域资源与环境》2016 年第 10 期。

朱丽萌等：《"中三角"城市群成长的可行性分析及发展战略研究》，江西人民出版社 2012 年版。

朱丽霞等：《长江中游城市群城市创新效率的时空格局及其驱动因素》，《长江流域资源与环境》2019 年第 10 期。

朱双：《长江中游城市群生产性服务业集聚水平测度与影响因素分析》，硕士学位论文，安徽农业大学，2016 年。

A Review of the Academic History of Urban Agglomeration in the Middle Reaches of the Yangtze River (2020-2021)

SHI Peihao ZHAO Hao ZHANG Shining DENG Heshun

Abstract: The "Middle Reaches of the Yangtze River" is a key development area designated by the National Main Function Zone Plan promulgated by The State Council in 2010, which was officially adopted in 2012. Since 2010, the research of urban agglomerations in the middle reaches of the Yangtze River have mainly focused on the spatial pattern of urban agglomerations, innovation-driven development, green development, industrial development, new urbanization and other topics. The research method focuses on statistics, econometrics, spatial statistics and spatial econometrics. The research focuses on the middle reaches of the Yangtze River, Wuhan metropolitan area, urban agglomeration around Poyang Lake, urban agglomeration around Changzhou-Zhuzhou-Xiangtan and other spatial scales. The further research should further deepening the research on the theoretical basis of the coordinated development, the Yangtze river middle reaches urban agglomeration coordinated open development, the public service sharing research urban agglomeration, compared with other domestic urban agglomeration and inner city circle development research; The improved non-parametric estimation model, social network analysis model, spatial panel model and other cutting-edge methods were comprehensively adopted to explore the coordinated development. And research on the coordinated development of urban agglomeration from different dimensions such as metropolitan circle, metropolitan area, central city, development zone and enterprise.

Key words: Urban agglomeration in the middle reaches of the Yangtze River　Spatial pattern　Industrial collaboration

（责任编辑：吴传清）

文传浩在长江上游流域经济与可持续发展领域的探索[*]

谭君印　赵柄鉴　滕祥河[**]

摘　要：云南大学经济学院文传浩教授长期致力于流域经济与可持续发展研究，积极倡导"教学育民、资政利民、科研助民"，创建了跨区域的学科交叉型"上游团队"，主持承担了一批科研项目，组织团队探索了流域生态文明建设的基础理论与实践框架，在流域可持续发展领域为党和政府提供一系列具有重要参考价值的政策咨询报告。

关键词：文传浩　长江上游　流域经济　流域可持续发展

一　深耕上游学术平台，培育交叉学科体系

长江是中华民族的母亲河，在漫长的历史长河中，长江已经成为了具有深刻社会性基因的符号，同时也呼唤着每一个流域儿女的赤子之心。文传浩教授成长于长江之畔，目睹了长江流域尤其是长江上游流域经济社会与环境的演变，开始了关于流域可持续发展领域的相关探索。

---

[*] 基金项目：2021年重庆市研究生科研创新项目"新型基础设施建设对长江上游产业生态化机制及路径研究"（yjscxx2021-112-67）。

[**] 谭君印，重庆工商大学长江上游经济研究中心硕士研究生；赵柄鉴，重庆工商大学长江上游经济研究中心博士研究生；滕祥河，云南大学经济学院博士后。

(一) 立足上游流域，构筑学术平台

早在 20 世纪 90 年代中后期，文传浩师从我国生态学家王孝安、段昌群、王焕校等教授，较早关注流域可持续发展，并致力于复合生态系统的探索。随着三峡工程的推进，文传浩意识到长江上游生态环境可持续发展的严峻性和重要性，并于 1997 年发表《三峡库区移民城市绿化问题的初步探讨——以万县市为例》一文，开启了长江上游领域的学术探索。1998 年，长江流域特大洪水暴发，进一步引发了文传浩对流域可持续发展的关注和思考。2000 年，文传浩围绕滇池流域水旱轮作精准化施肥领域展开的非点源污染治理研究，以及 2002 年文传浩主持申请的国家自科基金"珠江上游少数民族区域环境安全与预警系统研究（40261009）"成功立项，则更加坚定了其为流域可持续发展研究贡献力量的信念。

2007 年，文传浩教授回到重庆工作。在重庆工作期间，受王崇举、杨继瑞、廖元和等老一辈学者启发和熏陶，他深刻认识到只有创建强大创新和交叉的学术平台和团队，才能更有效地扎根上游、服务上游、争创上游。2010 年，长江上游流域复合生态系统管理创新团队[①]（以下简称上游团队）正式成立，并于当年入选重庆高校创新团队建设计划。在文传浩教授的推动倡导下，以"上游团队"为基础，一大批中青年学者共同围绕长江上游流域环境政策、流域绿色发展、流域生态文明和流域生态经济等核心领域展开跨区域、跨院校、跨学科研究。二十年耕耘，厚积薄发，"上游团队"已经发展壮大到 100 余人，在四川、重庆、贵州、云南等上游省市培育并组建了十余个科研分队，初步形成了围绕长江上游流域经济和可持续发展领域的"1+N"科研创新智库联盟。

(二) 推动学科交叉，打造团队特色

文传浩教授先后毕业于陕西师范大学和云南大学，生物学和生

---

① 原名为"长江上游地区脆弱生态系统管理研究"，2017 年正式更名为"长江上游流域复合生态系统管理创新团队"。

态学学科背景为其推动多学科交叉学术风格奠定重要基础，也是"上游团队"的独有属性。在贵州财经大学工作期间，文传浩教授主导创建了资源与环境管理系，是当时西南地区唯一一个围绕资源与环境管理交叉视角培养本科和研究生应用型高层次人才的教学单位，该系结合贵州省情和实际，获贵州省首批人口资源与环境经济学、旅游管理专业硕士专业招生资格，并在三年内从无到有、从弱到强将人口资源环境经济学建设成为省级重点学科，为后来成功申报理论经济学博士点奠定坚实基础。2008—2016年，文传浩教授在重庆工商大学担任教育部人文社科重点研究基地（以下简称"基地"，下同）长江上游经济研究中心常务副主任期间，组织部门成员深入开展三峡库区、乌江流域、金沙江流域以及长江上游流域经济和可持续发展交叉学科研究，"基地"在长江上游经济社科重大问题研究方面取得突出成效，推动"基地"在2009年成功入围全国省部共建基地前三名，并荣获人社部、教育部联合颁发的新中国成立60周年"全国优秀教育集体"称号。自2019年以来，文传浩教授一直致力于推动生态学与经济学、管理学、社会学等其他学科的交叉融合，培育并组建了一批极具特色的上游科研分团队，其中三个科研团队获批重庆市教委创新研究团队（群体）或重庆市新型重点智库。

最近几年，为进一步推动流域可持续发展，文传浩教授以"上游团队"为核心，首倡发起了三峡库区移民安稳致富高峰论坛、乌江流域绿色发展论坛、秦巴山区绿色发展论坛、毗邻地区协同开放发展论坛、武陵山区绿色发展论坛等一系列重要学术会议，并正在积极筹备珠江流域绿色发展高峰论坛和智库联盟，推动跨学科交流，汇聚四方力量。此外，文传浩教授还积极扩大与其他高校、机构、企事业单位的合作交流，围绕秦巴山区绿色高质量发展、乌蒙山区—金沙江流域发展、贵州毗邻地区协同发展等领域，产出一系列科研成果。比如在生态安全与绿色发展领域，与重庆市新型重点智库"重庆社科院生态安全与绿色发展研究中心"展开合作，形成了大量极具社会影响力的咨政类成果，得到党和国家领导人批示应用。同时，文传浩教授还培育组建了云南大学"云贵高原—东喜马拉雅创新研究团队"、宜宾学院"乌蒙山—金沙江流域发展研究团队"、重庆工商大学"农村经济与乡村振兴创新研究团队"等十余个上游科研团队。此外，文传浩教授积极推动倡导"平民高等教育"，通过设立"浩燃奖学金"或开展国家社科基金讲座等方式，致力于地方高校学科建设和青年教师科研能力提升工程。

（三）潜心人才培养，坚持立德树人

长期以来，文传浩教授将人才培养作为学术育人和团队建设的首要任务，培养出一批有能力、有影响、有担当的青年学者以及博硕士毕业生，壮大了流域可持续研究力量。首先，在青年学者培养方面，文传浩教授重视且支持青年学者主持或参与国家级、省部级项目，特别重视交叉学科研究人员的学术研究的"问题导向"和"顶天立地"研究路径，尤其注重培养地方高校青年教师的学术自信，鼓励青年教师、博士形成自己"久久为功、抓铁有痕"的学术意志力，并以持之以恒之心深耕学术。在文传浩教授的指导下，三峡职业技术学院青年教师胡江霞2014年获得国家社科基金青年项目，实现重庆高职院校国家社科零的突破，2018年重庆财经学院罗胤晨副教授成为重庆市第一位以民办院校教师身份成功申报国家社科的申报者，并获得了"巴渝学者·青年学者"称号。此外，团队中罗胤晨、贺嘉、贺渝、唐中林等多位青年博士皆在加入团队两年内成功申报国家社科基金项目。此外，在博士、硕士研究生培养方面，文传浩教授重视课堂学习与实践调研紧密结合，主导构建"双师指导（学业导师与实践导师）+教学团队+学科队伍+科研队伍+实践队伍"的新型师资队伍，并依托科研项目研究，边实践调研、边课堂教学、边专题研究，逐渐总结出一套基于教学、应用实践、管理制度三方面应用型交叉学科人才培养模式。过去五年里，团队培养出胡江霞、滕祥河、李春艳等多位博士毕业生，胡江霞博士更是连续两次成功申报国家社科基金项目。

二 矢志流域绿色发展，探索上游研究路径

文传浩教授主张"流域研究"要做到"六有"——有质量、有高度、有担当、有深度、有情怀、有温度，汇聚各方力量推动流域可持续发展，最终形成服务于大江大河大湖流域可持续发展的科研成果。经过二十多年发展，文传浩教授带领上游团队已经形成以滇池、珠江上游、乌江、三峡库区、长江上游等典型流域研究成果体系，学术界也有戏称文传浩为"江湖教授"（程卓等，2019），围绕江河湖流域可持续发展产出相关丛书20余册，科研项目20余项，多项咨证成果获政府相关部门采纳或应用。

（一）流域可持续发展丛书

1. 长江上游地区经济系列丛书

文传浩教授作为副主编并实质性组织推动撰写的长江上游地区经济系列丛书共9部，包括《长江上游地区经济一体化研究》《长江上游地区自然资源环境与主体功能划分》《西部开发中长江上游地区区域创新战略研究》《流域生态产业初探——以乌江为例》《三峡库区第三产业可持续发展与城镇功能恢复重建》《长江上游地区工业环境绩效评价及优化》《长江上游商贸物流中心研究——以重庆的视角》《成渝经济区区域公共治理研究》《长江上游生态文明研究》。尤其是《长江上游生态文明研究》较早从流域的视角提出生态文明建设内涵，并明确指出了当前我国生态文明建设内容的若干误区，原创性地提出生态经济文明、生态环境文明、生态社会文明、生态文化文明和生态政治文明等概念谱系构成的具有中国特色生态文明建设体系，在一定程度上丰富和发展长江上游流域生态文明理论与实践。该系列丛书部分成果在《光明日报》等报刊上刊载以及被《新华文摘》转载，并荣获重庆市政府发展研究奖7项。

2. 三峡库区可持续发展系列丛书

文传浩教授作为主编组织撰写的三峡库区可持续发展系列丛书共8部，包括《三峡库区基本公共服务均等化研究》《三峡库区发展概论》《三峡库区人口演变与趋势研究》《三峡库区城乡商贸统筹研究——以"万开云"为例》《长江上游地区水电资源开发研究》《三峡库区微型企业创业研究》等。该系列丛书是我国首套专门针对三峡库区可持续发展的专业类书籍，分别从人口演变、水电资源开发、基本公共服务、水利水电移民补偿、城乡商贸统筹、微型企业创业、可持续生计等维度全方位诠释和解析库区可持续发展的内涵、路径和措施，探索了库区可持续发展的规律性特征，为国内外大型水利水电库区的可持续发展提供有益借鉴。

3. 三峡库区可持续发展系列案例集

文传浩教授作为主编组织撰写的三峡库区可持续发展系列案例集已经先后持续出版5册，包括《三峡库区（创意）文化产业案例集》《三峡库区低碳工业园区案例研究》《三峡库区特色农业产业案例研究》《三峡库区旅游产业典型案例研究》《三峡库区商贸物流产业案例研究》。该系列案例集分别从低碳发展、生态农业、旅游发展、物流业发展、（创意）文化产业视角五个视角，结合三峡库区典型区县的实际情况，综合运用低碳经济、循环经济、绿色经济等概念，为广大读者展现三峡库区近二十年建设的主要成果和成功经验。

4. 流域经济·管理与可持续发展系列丛书

文传浩教授主编的流域经济·管理与可持续发展系列丛书已持续出版3册，包括《国外流域经济案例研究》《莱茵河流域可持续发展案例研究》《国外流域管理典型案例研究》。该系列案例集从国外流域视角探索国外流域经济与管理典型案例，系统梳理了国外典型流域经济开发、统筹规划、环境治理等经验，提出了流域综合治理新模式，对于长江上游流域与干支流的管理及其设立各重要支流的流域管理机构提供了借鉴思路。

5.《流域经济评论》

文传浩教授在国内最早创建主编流域经济领域持续性辑刊《流域经济评论》，并于2015年首次出版，目前持续出版至第三辑，本辑刊专注于流域经济理论和流域可持续领域实践的连续出版物。其内容涵盖流域经济、流域生态、流域管理以及流域可持续发展等多方面研究成果，集中展现流域经济研究的发展脉络和流域经济研究领域的最新动态，尤其为水利水电库区的经济发展、生态建设等提供参考。

（二）流域可持续研究项目

1. 珠江、滇池流域生态环境与污染治理

流域生态是文传浩教授最早关注和研究的方向，相关的科研项目主要围绕珠江上游生态安全以及滇池流域面源污染治理。其主持的国家自然科学基金项目"珠江上游少数民族区域环境安全与预警系统研究"（40261009）和云南大学校级课题"珠江上游马岭峡谷生态旅游资源开发与环境可持续发展研究"探讨了珠江上游流域县域经济—社会—环境演变趋势和发展态势。文传浩教授主持或联合主持完成科技部/云南省专项科技重大攻关项目子课题"滇池流域面源污染水旱轮作系统N、P空间动态流失规律及精准化平衡施肥示范研究"和云南省昆明市政府"习近平生态文明思想的昆明实践——以滇池治理为例"，积极推进总结滇池流域治理在生态环境治理、产业结构优化、公众参与、生态文明制度创新、生态文化等多维度经验。

2. 乌江流域生态产业体系建设

乌江流域是长江上游地区最大一级支流，是集"五位一体"的特殊区域。聚焦乌江流域生态产业体系，文传浩教授主持教育部人文社会科学研究规划基金项目"基于生态系统管理理论的乌江中下游县域生态产业理论与实证研究"（08JA790141），国家科技部软科学项目"基于县域尺度的流域复合生态系统管理创新模式研究——以乌江流域为例"（2010GXQ5D353），重庆市教委、科委软科学项目"基于三峡库区环境安全的乌江流域生态产业体系与对策研究""乌江流域典型水电库区复合生态系统管理创新研究"（KJ120728），"乌江上游流域农业经济活动的环境效应及其生态安全预警研究"（08JWSK067）等课题，重点关注乌江流域生态环境可持续发展与生态产业体系构建研究。

3. 三峡库区流域可持续发展

三峡库区是一个"六位一体"的独特体系和复合巨系统，涵盖政治独特性、经济独特性、社会独特性、文化独特性、环境独特性和地理独特性。文传浩教授带领"上游团队"聚焦三峡库区，于2011年成功获批国家社会科学基金重大招标项目"三峡库区独特地理单元'环境—经济—社会'发展变化研究"（11&ZD099），该项目相关成果获得了2020年教育部人文社科（咨询服务报告类）一等奖。此外，文传浩教授团队研究成果有力支撑了重庆工商大学服务国家特殊需求的"三峡库区百万移民安稳致富"博士点人才培养项目申报以及应用经济学教学改革、学科建设工作，探索了国家社科基金重大招标项目如何推进地方高校由量到内涵式发展路径。

4. 长江上游流域生态文明建设

长江上游地区整体上生态环境脆弱，生态环境保护"包袱重、责任大"，是当前和今后相当长一段时期推进长江经济带"共抓大保护，不搞大开发"的重难点和关键区域。流域生态文明建设是文传浩教授近几年在可持续发展领域的重要研究内容，同时也是其最有代表性、影响力和最为广泛的成果贡献。在这一领域，文传浩教授领衔了一系列重要国家、省部级研究项目，包括国家社科基金重大招标项目"长江上游生态大保护政策可持续性与机制构建研究"（20&ZD095）、教育部人文社科重点研究基地重大项目"长江上游地区生态文明建设体系研究"（18JJD790018）、重庆市教委人文社会科学重大攻关项目"重庆在推进长江经济带绿色发展中发挥示范作用研究"（19SKZDZX06）。此外，在文传浩教授的主导下，以"上游团队"为核心，完成了重庆市教委科研创新团队"长江上游地区脆弱生态系统管理研究"（KJTD201021）、重庆市发改委"十二五""十三五"规划前期重大（或重点）项目"重庆建设长江上游地区生态文明示范区研究"（ZB2009—27）、"重庆市'十二五'建设生态文明先行示范区研究""重庆市'十三五'生态文明建设研究"等重要省部级横向项目。目前，在长江上游领域生态文明研究领域，文传浩教授领衔的上游团队已经形成了理论研究与应用研究相结合，宏观研究与微观研究并重，自然科学与应用科学相互交叉的科研项目体系。

（三）流域治理咨政报告

一直以来，文传浩教授紧密对接国家重大战略需求，将科学研究和资政服务有机结合，积极服务长江上游流域经济与绿色发展。文传浩教授作为决策咨询研究的主笔者、组织者，瞄准国家战略前沿、紧盯地区实际，围绕流域生态补偿、环保税、现代生态产业体系、"三峡生态新区"建设等领域不断撰写政策咨询报告，其中70余篇成果获批示或采纳应用，部分政策咨询报告得到党和国家主要领导人以及重庆市、四川省、贵州省等省部级领导肯定性批示，或被全国政协、重庆市政协等作为重点提案。需要特别指出的是，在过去几年，文传浩教授一直注重硕士、博士研究生在应用类成果上的锻炼，专注培养应用型人才，强调应用类成果的转化，由其指导的硕士、博士研究生撰写的多份咨政类成果被中央统战部、九三学社中央委员会、生态环境部、国家税务总局、中共中央办公厅、国务院办公厅等中央部门相关刊物采纳。

三 创新绿色发展路径，推进流域成果转化

文传浩教授聚焦流域生态文明理论研究，充分发挥跨学科优势，组织"上游团队"创新流域可持续发展的学科框架，为上游地区生

态文明建设实践提供理论支撑。

（一）打破学科界限，推动学科融合

1. 新时代流域生态文明建设"五维一体"体系

流域生态文明体系是文传浩教授理论成果的核心和内容，是对习近平生态文明思想在流域层面的深刻诠释。在专著《长江上游生态文明研究》中，铁燕等（2010）在不同维度界定长江上游流域范围的基础上，结合长江上游生态文明建设的实践，原创性提出了生态经济文明、生态环境文明、生态社会文明、生态文化文明和生态政治文明等"五维一体"的生态文明建设体系。在某种程度上，该理论研究是生态文明建设与"其他建设"实现相互融合的理论支撑，实现了与"五维一体"总体布局的紧密勾连，丰富和发展流域生态文明理论研究（文传浩等，2016）。

2. 基于"两化"思想的现代生态产业体系

在经济高质量发展阶段，以"产业生态化和生态产业化为主体的生态经济体系"成为现代化经济产业体系有机组成部分，是支撑我国全面绿色转型的重要动力和关键基础。文传浩等（2019，2020，2021）共同提出构建现代化生态经济体系，全民共享的生态环境福祉是其发展目标，"两化"思想是其主要内容，"山水林田湖草沙"生命共同体是其运行载体，生态文明制度体系是其制度保障，经济与生态相互依存，物质、能量、信息等生态要素与资本、劳动力、企业家精神等经济要素内在有机循环，以及产业生态化和生态产业化相互促进是现代化生态经济体系的三类运行关系（文传浩等，2020）。基于"产业生态化，生态产业化"理念，文传浩等（2020）将生态产业体系划分为生态利用、循环高效、低碳绿色、环境治理、智慧创新、融合集聚六大业态类型，认为要推动"现行经济体系"转型至"现代生态经济体系"，关键在于从宏观（空间）、中观（产业）和微观（企业）三个层面对"现行经济体系"进行三维延展，共同聚焦"低碳、循环、高效"的绿色生态化特性与"科创、融合、聚焦"的现代化特征（罗胤晨等，2021）。罗胤晨等（2020）认为，要构建现代化经济产业体系，首先应充分挖掘产业基础及优势，深入推动产业生态化；其次要充分利用山水林田湖草沙资源，深入推动生态产业化；最后必须充分借助城镇与乡村两大载体，深入推动量化互促融合（罗胤晨等，2020）。

3. "政治生态化"的理论内涵和基本要求

人类活动导致生态环境问题从局部地区向全球扩散，并最终造成生态系统的结构和功能的整体性破坏，从而威胁整个人类的生存和发展的一系列全球性生态危机。生态危机的产生与发展是生态政治运动兴起的动因和基础，在此基础上推动了各国政治和国际政治生态化的发展。文传浩等（2000）认为，生态政治产生与发展是政治生态学、政治生态化形成前提和基础，"政治生态化"是生态政治发展的必然趋势和结果，是经济—社会—环境协调发展的必然选择。此外，政治过程生态化要求政府生态化决策、公民生态化参与、生态化的政治教育以及形成平等、和谐、和平共处的国际政治新秩序。

4. 基于"五维协同"系统观念的生态产品价值实现机制

生态产品价值实现是将各类生态资源所蕴含的内在价值，转化为经济、社会和生态效益的过程。陈开江和文传浩（2019）认为，生态产品价值实现方式在实践层面仍存在系统性、整体性、远见性欠缺的问题。因此，罗胤晨等（2021）认为，要构建形成"五维协同""微观—中观—宏观"耦合联动、环环相扣的立体复合系统，整体推进生态产品价值实现，应坚持系统观念，主体维度应系统厘清生态产品"推手"，明确参与主体"有哪些"；技术维度应系统掌握生态产品有哪些"助力"，明晰现代技术"有何用"；链条维度应系统理顺生态产品网络，洞悉产品链条"有多少"；空间维度应系统整合生态资源区位，审视跨区域协同"程度几何"（罗胤晨等，2021）。

（二）聚焦长江上游可持续发展，丰富流域生态经济理论

1. 流域协同治理及可持续发展理论体系

相对于理论性更强的新时代流域生态文明理论，流域治理与可持续发展理论体系更加突出应用性，更加强调具体实践和因地制宜。文传浩等（2017）以流域的视角，系统介绍了流域协同治理模式，开创性构建了流域可持续发展的理论。在相关著作中，文传浩等（2018）以三峡库区、长江上游流域、乌江流域典型流域产业集聚区为例，回答如何构建生态产业体系，如何选择生态产业模式，选择那些政策与措施作为保障，并展望了流域的生态产业发展前景。

2. 长江流域"三生六全"可持续发展机制

长江作为中华民族的母亲河，长江经济带生态大保护是对流域生态、经济、社会复合系统的全面保护。为推动长江流域的生态大保护，文传浩教授在主持国家社科重大项目"长江上游生态大保护政策可持续性与机制构建研究"（20&ZD095）中创造性提出了"三生六全"可持续发展机制。文传浩等（2021）将长江经济带生态大保护政策演变历程划分为环保体系初步构建、环保区域分治体系形成、环保多元共治体系完善、生态大保护战略全面推进四个阶段。文传浩等（2020）主张，长江流域生态保护"上游是重点，政策是手段，生态是根本，大保护是关键"，关系开发与保护、资源与环境、经济与生态等问题，事关人民福祉，关乎美丽中国建设全局。因此，文传浩等（2021）总结性提出，以"系统化保护思维"为指导创建跨行政区流域综合管理体系，将生产空间、生活空间、生态空间视为生态大保护的重要载体，设计生态大保护政策体系，形成从全地域、全方位、全链条、全要素、全产业、全过程的生态大保护复合系统工程。

3. 流域生态大保护"四域四治"立体治理体系

不均衡、不充分、不协调问题是生态文明建设中的主要问题，无序过度开发与低效利用等情况仍然存在。从当前中国生态文明建设所面临的现实问题以及从推进具有自主性和原创性的重大学术价值的理论问题研究层面来看，中国生态文明建设的主体内容无疑是加快构建和发展生态文明建设理论体系最为紧迫和关键的一步（文传浩等，2019）。文传浩等（2012）认为，人们对生态文明内涵的认识还存在两方面误区，一方面，将生态文明的内涵理解片面停留在纯生态层面；另一方面，全面否定工业文明，把其视为与生态文明对立与矛盾的文明形态，导致地方生态文明实践出现诸多问题，生态修复与创建是跳出认知误区的有效选择。对此，文传浩等（2020）认为，应构建政域"自治"、流域"同治"、跨域"联治"、全域"共治"的"四域四治"立体生态治理体系，打破地域、政域和领域界限，强化顶层设计和责任担当，将整体推进与系统治理、重点突破相结合，避免畸重畸轻、顾此失彼等问题。

4. 流域绿色发展、精准扶贫与全域旅游融合发展

流域系统是一个复合多功能系统，体制机制惯性问题严峻，流域绿色发展、精准扶贫与全域旅游融合发展并非是一蹴而就的，需要从流域整体性、开放性和微观性视角进行考量。流域上游既是生态环境脆弱区，又是旅游资源丰富区，还是集中连片特困区，三者交互耦合，相互交叉，存在区域整体性贫困、资源富足性贫困、过渡性贫困等问题，流域扶贫问题亟待解决。由于历史、人文等因素积淀，行政区碎片化、分割化管理贯穿流域发展全过程，制约了流域绿色发展。文传浩等（2018）认为，利用全域旅游不断整合流域贫困区内旅游产业资源，能够有效解决区域性整体贫困、资源富足性贫困与过渡性贫困等问题，并实现生态环境价值和绿色发展目标。

参考文献

陈开江、文传浩：《破解生态资源供给制约难题》，《中国环境报》2019年7月16日第3版。

程卓等：《文传浩："江湖"教授》，重庆政协报，https://zxb.ccppcc.cn/content/2019-08/06/007816.html.

贺高祥等：《构建"四域四治"的立体生态治理体系》，《中国环境报》2020年11月20日第3版。

李扬杰等：《现代生态产业体系的业态划分及空间布局初探——以重庆市为例》，《重庆三峡学院学报》2020年第4期。

罗胤晨等：《"五维协同"系统推进生态产品价值实现》，《中国环境报》2021年5月10日第3版。

罗胤晨等：《构建全域现代生态产业体系的内涵、路径及策略：重庆探索》，《华中师范大学学报》（自然科学版）2020年第4期。

罗胤晨等：《构建现代生态产业体系：内涵厘定、逻辑框架与推进理路》，《南通大学学报》（社会科学版）2021年第3期。

铁燕等：《改革开放以来中国共产党生态文明执政方略演进》，《甘肃社会科学》2010年第3期。

文传浩、李春艳：《论中国现代化生态经济体系：框架、特征、运行与学术话语》，《西部论坛》2020年第3期。

文传浩、林彩云：《长江经济带生态大保护政策：演变、特征与战略探索》，《河北经贸大学学报》2021年第4期。

文传浩、滕祥河：《中国生态文明建设的重大理论问题探析》，《改革》2019年第11期。

文传浩、铁燕：《生态文明建设理论需不断深化》，《中国环境报》2012年11月13日第2版。

文传浩、许芯萍：《流域绿色发展、精准扶贫与全域旅游融合发展的理论框架》，《陕西师范大学学报》（哲学社会科学版）2018年第6期。

文传浩等：《长江上游生态大保护的内涵、策略与路径》，《区域经济评论》2021年第1期。

文传浩等：《长江上游生态文明研究》，科学出版社2016年版。

文传浩等：《从库区管理到流域治理：三峡库区水环境管理的战略转变》，《西部论坛》2017年第2期。

文传浩等：《流域生态产业初探：以乌江为例》，科学出版社2013年版。

文传浩等：《论政治生态化》，《思想战线》2000年第6期。

文传浩等：《纵深推进乌江流域生态文明建设》，《中国环境报》2018 年 4 月 26 日第 3 版。

Wen Chuanhao's Exploration in the Field of Economy and Sustainable Development in the Upper Yangtze River Basin

TAN Junyin　ZHAO Bingjian　TENG Xianghe

Abstract: Professor Wen Chuanhao from the School of Economics of Yunnan University has been committed to the study of river basin economy and sustainable development for a long time, created a cross-regional interdisciplinary "upstream team", actively advocated "teaching and cultivating the people, helping the people with governance, and helping the people with scientific research" concept. At the same time, Professor Wen presided over a number of scientific research projects, and organized a team to explore the construction of ecological civilization for the river basin, and provided a series of policy consultation reports with important reference value for the government.

Key words: Wen Chuanhao　The upper reaches of the Yangtze River　Basin economy　Sustainable development of the basin

（责任编辑：吴传清）

《环境规制、产业集聚与长江经济带城市工业绿色发展效率研究》评介

刘新智[*]

  推动长江经济带发展是党中央作出的重大战略决策，是事关全局的重大战略。长江经济带作为国家最重要的东西主轴，党和国家一直高度重视，习近平总书记连续召开了三次长江经济带发展座谈会，专题探讨长江经济带发展问题。历经过去多年粗放开发，长江生态环境面临严峻挑战，为推动长江经济带绿色可持续发展，习近平总书记确立"生态优先、绿色发展"的战略定位，三次座谈会均将长江生态大保护摆在压倒性位置，强调长江经济带绿色发展。新形势下如何加强长江生态保护，推动长江经济带高质量发展，是贯彻落实新发展理念、推进国家治理体系和能力现代化与畅通国内国际双循环必须回应的时代话题。

  习近平总书记在深入推动长江经济带高质量发展座谈会上重点强调"质量、效率、动力"三大变革，可以看出提升发展效率是回应长江经济带绿色高质量发展的题中要义。产业为经济之本，对环境经济社会复合生态系统稳定发挥着主导作用，是推动长江生态保护与绿色发展的主战场。产业在集聚过程中与周边环境存在密切的物质能量交换，一方面驱动经济高速增长，另一方面也引致环境污染，侵蚀生态空间，影响经济社会发展的可持续性。工业作为污染排放的主要领域，城市又是现代社会生产生活的核心集聚空间，强化工业环境管控、促进工业生态集聚、提升城市工业绿色发展效率

---

[*] 刘新智，西南大学经济管理学院教授、博士生导师。

构成推动长江经济带高质量发展的关键所在。

为厘清长江经济带绿色高质量发展思路，由黄磊博士撰写的《环境规制、产业集聚与长江经济带城市工业绿色发展效率研究》（清华大学出版社 2020 年版）从效率视角系统探讨了在环境规制约束和产业集聚条件下长江经济带城市工业绿色发展效率问题。该书紧扣长江经济带绿色高质量发展主题，细致分析了环境规制、产业集聚对长江经济带城市工业绿色发展效率的影响效应，并提出提升加快长江城市工业绿色发展内生动力的政策主张，为长江经济带生态环境保护与产业绿色发展的学术研究与政策制定提供了有益借鉴。综观全书，问题导向意识突出，严格遵循"现实—理论—实证—对策"的逻辑思路，其特色和创新主要表现在以下几个方面：

一是研究视角具有显著的战略性。环境规制与产业集聚存在紧密关联，存在对绿色发展效率的联合影响，然而现有文献关于二者对绿色发展效率的协同影响相对较少。本书立足现有文献缺口，将三者纳入统一分析框架，以新时期推动我国经济高质量发展的主力军——长江经济带为区域研究对象，以环境压力最大的工业领域为产业研究对象，从更为精细的城市空间单元出发，全面探讨环境规制、产业集聚对绿色发展效率的单一影响效应与复合影响效应。本选题有利于准确把握环境规制、产业集聚与绿色发展效率的作用关系，进而采取前瞻性的举措优化长江经济带环境规制与工业集聚，进而加速推动长江经济带绿色高质量发展。

二是研究方法具有高度的综合性。为科学分析长江经济带工业环境规制、产业集聚与绿色发展效率关系，本书采用多种研究方法从不同方面进行深入剖析，以期更为全面反映出三者的内在机理。考虑到长江经济带横跨东部、中部、西部三大经济地带，地区差异显著，因此运用比较分析法，从整体城市、上游地区、中游地区、下游地区四大维度比较分析环境规制与产业集聚对工业绿色发展效率影响效应的异质性。在定量分析中，更是综合采用 EBM 模型、泰尔指数、空间计量模型、系统 GMM 模型、地理加权回归 GWR 模型等多种工具，量化评价长江经济带城市工业环境规制、产业集聚与绿色发展效率的时空特征及实证关系。

三是研究内容具有一定的开拓性。尽管绿色发展效率的空间效应已逐渐引起学术界关注，但环境规制、产业集聚的工业绿色发展能力空间溢出影响研究仍处于初步研究阶段。本书基于环境规制的"污染转移效应"和产业集聚的"梯度推移效应"，阐述二者工业绿色发展空间效应的理论机理。进而引入空间交互作用因素，采用空间计量模型探究环境规制、产业集聚对长江经济带城市工业绿色发展效率影响的直接效应、空间溢出效应。并进一步分析产业集聚在环境规制影响工业绿色发展效率过程中的"调节效应"及其空间异质性。本书内容丰富了环境规制、产业集聚与工业绿色发展效率关系在空间计量经济学领域的研究应用。

四是研究结论具有充分的启迪性。本书在撰写过程中对长江经济带发展基础、环境治理与要素禀赋的差异性考虑较多，得出的研究结论较为新颖。本书发现在产业转移承接过程中，上游地区获得中下游地区的技术外溢，中游地区传统产业继续扩展，下游地区逐步向服务化迈进，使长江经济带上中下游地区城市工业绿色发展的重心向上游地区转移，整体呈上游、下游、中游梯度递减格局。同时环境规制对工业绿色发展效率影响存在一定的门槛效应，过低将无法产生有效的绿色引导效应，与产业集聚的环境调节效应保持一致。且工业绿色发展存在自我强化机制，绿色发展经验存在历史累积性，对于欠发达的中上游地区城市尤为明显。

五是研究建议具有较强的针对性。在明确长江经济带城市绿色发展仍面临环境规制有待优化、产业集聚质量亟待提升、创新能力需要加强等主要短板，本书结合研究结论和长江经济带绿色发展需求给出了相应的政策建议。提出要推进工业污染协同治理，从长江经济带全域角度强化工业环境管制，推动工业迈入高质量集聚阶段，最大限度提升工业环境治理有效性，这对于发挥长江生态大保护合力极具紧迫性和现实性。强调要增强绿色科技支撑能力，发挥科技创新在绿色发展中的引领作用，加快绿色创新发展进程，破解长江经济带绿色高质量发展的动力问题。本书所提对策建议前瞻性和指向性凸显，对有效驱动长江经济带绿色高质量发展具有较强借鉴意义。

《环境规制、产业集聚与长江经济带城市工业绿色发展效率研究》一书系统分析了环境规制、产业集聚、绿色发展效率的科学内涵、特征事实、内在逻辑与实证关系，并从环境规制与产业集聚视角提出了推动长江经济带绿色高质量发展的对策建议，具有理论研究与实践研究相结合、历史分析和现状问题相结合、理论演绎与归纳提升相结合的典型特征。该书的出版丰富和拓展了环境治理、产业集聚与绿色发展相关理论，为构建长江经济带绿色高质量发展政策体系提供了重要参考，是一本值得致力于长江经济带发展问题研究的理论与实务工作者及广大硕士生、博士生仔细研读的学术著作。

（责任编辑：吴传清）

《长江流域经济研究》征稿启事

《长江流域经济研究》创刊于2021年，2022年由中国社会科学出版社出版发行，是由武汉大学中国发展战略与规划研究院主办的聚焦"长江流域经济"研究的学术刊物。教育部长江教育创新带"长江流域城市管理、社会治理和经济协调发展研究"方向人才培养与科技创新合作体、中国区域经济学会长江经济带专业委员会、长江技术经济学会流域经济专业委员会、武汉大学区域经济研究中心等提供学术支撑。

本刊栏目主要有："专家笔谈""流域经济基础理论研究""长江流域创新经济研究""长江流域绿色经济研究""长江流域产业经济研究""长江流域经济协同发展研究""流域经济比较研究""学术史潭"等栏目。每篇论文字数1.5万—2万字为宜。

敬请作者来稿时提供：（1）题目（中英文）；（2）内容摘要（中文200字左右，英文100单词左右）；（3）关键词（3—5个，中英文）；（4）作者简介（含姓名、工作单位、职务职称、学历学位、通信地址、邮政编码、联系电话、电子邮箱）；（5）正文；（6）参考文献。

论文写作规范参照中国社会科学出版社相关要求。

一 表格、数据要求

1. 数据力求准确

表中数据与正文叙述一致。且小数点后，统一保留两位数。

2. 表格要求

表头小五号黑体字，表文六号书宋体。表格左右是开放式，不加表线，表格中间加表线。

二　参考文献表示方式

1. 中文著作文献

作者名：《著作》第 X 卷（册），XX 出版社 XX 年版。

2. 中文文章文献

杂志：作者名：《文章》，《杂志》XX 年第 X 期。

报纸：作者名：《文章》，《报纸》XX 年 X 月 X 日第 X 版。

网络：作者名：《文章》，XX 网中文名（英文名）。

论文：作者名：《文章》，XX 学位论文，XX 大学，XX 年。

析出文献：作者名：《文章》，载作者名《书名》，XX 出版社 XX 年版。

转引文献：作者名：《文章》，转引自作者名《书名》，XX 出版社 XX 年版。

3. 外文专著文献

标注顺序：责任者与责任方式/书名/出版地/出版者/出版时间/页码。

书名用斜体，其他内容用正体；出版地后有英文冒号，其余各标注项目之间用英文逗号隔开（注意每词首字母的大小写，介词、连词除外）。

示例：

Seymou Matin Lipset and Cay Maks, *It Didn't Happen Hee*：*Why Socialism Failed in the United States*, New York：W. W. North & Company, 2000, p. 266.

4. 外文析出文献

标注顺序：责任者与责任方式/析出文献题名/所载书名或期弄名及卷册/出版时间。析出文献题名用英文引号标示，期刊名或书名用斜体，其他内容用正体（注意每词首字母的大小写，介词、连词除外）。

示例：

Christophe Roux-Dufort, "Is Crisis Management (Only) a Management of Exceptions?", *Journal of Contingencies and Crisis Management*, Vol. 15, No. 2, June 2007.

通讯地址：湖北省武汉市武昌区八一路 299 号武汉大学中国发展战略与规划研究院
邮政编码：430072
联系电话：027-68775899
电子邮箱：13971420227@163.com

《长江流域经济研究》编辑部